다문화가족
갈등관리 프로그램

이근매, 조용태, 김용수

Σ시그마프레스

다문화가족 갈등관리의 이론과 실제

발행일 | 2014년 5월 1일 1쇄 발행

지은이 | 이근매, 조용태, 김용수
발행인 | 강학경
발행처 | (주)시그마프레스
편집 | 홍선희
교정 · 교열 | 문수진

등록번호 | 제10-2642호
주소 | 서울특별시 영등포구 양평로 22길 21 선유도코오롱디지털타워 A401~403호
전자우편 | sigma@spress.co.kr
홈페이지 | http://www.sigmapress.co.kr
전화 | (02)323-4845, (02)2062-5184~8
팩스 | (02)323-4197

ISBN | 978-89-6866-153-2

이 도서의 국립중앙도서관 출판시도서목록(CIP)은 서지정보유통지원시스템 홈페이지(http://seoji.nl.go.kr)와 국가자료공동목록시스템(http://www.nl.go.kr/kolisnet)에서 이용하실 수 있습니다.(CIP제어번호 : CIP2014012527)

머리말

어떤 사람이 바닷가의 파도를 보고 "파도가 왜 자꾸 치는지 속상해 죽겠네!"라고 한다면 정말 어리석다고 할 것이다. 마찬가지로 갈등을 생겼을 때 '이것 때문에 내가 힘들다'고 불평하며, 갈등이 애초부터 생기지 않기를 바란다면 그 또한 어리석은 행동이 된다. 바닷가에 치는 파도를 없앨 수 없듯이, 우리 삶에서 갈등은 있을 수밖에 없고 겪을 수밖에 없는 일이다. 따라서 우리는 갈등을 없애려 하기보다 갈등을 관리하는 법을 익혀 갈등이 생겼을 때 지혜롭게 헤쳐 나가는 자세를 먼저 갖춰야 할 필요가 있다.

최근 글로벌 시대를 지향하는 우리나라에서 다문화사회와 다문화가족은 필수적으로 나타나는 현상이다. 가족이 함께 살아가게 되면 당연히 갈등이 생길 수밖에 없다. 특히 다문화가정은 아주 다른 환경과 문화 속에서 성장한 두 사람이 만나 가정을 이루고, 다문화자녀를 양육하고 부모님을 모시는 등의 과정에서 더욱 심각한 갈등을 겪게 될 가능성이 높다. 따라서 이 책에서는 현재 우리나라에 있는 다문화가정의 갈등관리에 도움을 주기 위해 갈등관리 전략과 그에 따른 다양한 실제 사례를 제시하고자 하였다.

갈등관리 방법을 배우면서 '갈등이란 잘 되기 위한 하나의 징후이다', '갈등은 파괴적인 것이 아니라 건설적이다' 등의 말을 접하게 되면, 처음에는 이러한 내용들이 믿기지 않고 일종의 미사여구처럼 느껴질 수도 있다. 하지만 자신의 생활에서 갈등을 효율적이고 생산적으로 관리하는 경험을 반복하게 되면 그 말들에 점점 동의하게 될 것이다.

저자들은 이 책을 통해 독자들이 실질적으로 갈등을 잘 관리할 수 있도록 도움을 주고자 노력하였다. 우선 1장에서는 다문화와 다문화가족에 대한 개념을 정리하였고, 2장과 3장에서는 갈등과 가족갈등에 대해 이론적으로 고찰하였다. 4장에서는 갈등관리를 위한 의사소통 방법을 살펴보았으며, 5장에서는 문제해결을 통한 갈등관리 방법과 사례들을 제시하였다. 또한 6장에서는 갈등관리의 작용을 고찰하였고, 7장에서는 갈등관리 프로그램 수행 준비에 대해 자세히 알아보았으며, 마지막으로 8장에서는 다문화가족 갈등관리를 위한 다양한 프로그램을 제시하였다. 이 책에서 제시하는 갈등관리 원리들은 그렇게 하는 것이 상대적으로 효율적인 방법이기 때문에 제시하는 것이지, 반드시 그렇게 해야만 하는 것은 아닐 수도 있음을 밝혀 둔다.

이 책이 나오기까지 오랜 시간 인내심 있게 지원해 주신 (주)시그마프레스의 강학경 사장님과 편집부 직원들에게 감사드린다. 또한 교정에 힘써 준 김미진, 박정희 선생님에게도 감사의 마음을 전한다. 그리고 마지막으로 이 책을 통해 이 시대의 다문화가정뿐만 아니라 일반 가정의 갈등까지도 모두 효율적으로 다룰 수 있게 되어 평화롭고 행복한 가정을 이루길 소원한다.

2014년 4월
저자 일동

차례

다문화와 다문화가족의 이해

문화의 개념

주류 심리학에서 문화를 말하는 것이 하나의 유행이다. 불행하게도 많은 심리학자와 일반인은 문화, 인종, 국적, 민족성이 같은 개념을 가진 동일한 단어로 사용한다. 과연 이 용어들은 같은 개념인가? 약간은 중복되는 것도 있지만 중요한 차이가 있다. 이러한 차이를 인식하는 것이 비교문화 연구의 이해와 심리학적 지식에 대한 그것의 영향을 이해하는 데 중요하다.

우리는 먼저 문화라는 용어가 일상 언어에서 어떻게 사용되고 있는지 알아보고 그 범위를 평가할 것이다. 이전의 문화 정의를 조사한 후에 여기서 논의하는 문화의 정의를 제시할 것이다. 먼저 문화가 일상 언어로 어떻게 사용되는지를 살펴볼 것이다.

우리는 문화라는 말을 일상 언어에서 다양한 방식으로 사용하고 있다. 때때로 우리는 인종, 국적, 민족성을 의미하는 단어로 문화를 사용하기도 한다. 예를 들어 아프리카계 미국인은 아프리카 문화에서 또는 중국계 미국인은 중국 문화에서 온 것으로 생각한다. 또한 우리는 음악과 미술, 음식과 옷, 관습, 전통, 습관에서 경향을 말할 때도 문화를 사용한다. 즉 우리는 신체적 특징과 생물학적 특징, 행동, 음악, 무용, 다른 활동을 하는 사람들에 관한 다양한 모습을 언급할 때 문화라는 단어를 사용한다. Kroeber와 Kluckholn(1952), Berry, Poortinga, Segall과 Dasen(1992)은 문화를 설명하는 여섯 가지 일반적인 범주를 다음과 같이 제시하였다 (Matsumoto & Juang, 2004).

- 문화와 관련된 여러 형태의 활동이나 행동을 조명하는 기술적 정의
- 집단과 관련된 전통과 유산을 언급하는 역사적 정의
- 문화와 관련된 규칙과 규준을 설명하는 규범적 정의
- 문화와 관련된 학습, 문제해결, 기타 행동 접근을 강조하는 심리학적 정의
- 문화의 사회적 또는 조직적 요소를 강조하는 구조적 정의
- 문화의 기원을 언급하는 발생학적 정의

우리는 문화라는 개념과 용어를 우리 삶의 광범위한 활동, 행동, 사건, 구조를 설명하고 기술하는 데 사용하고 있다. 현재 우리는 학교와 직장을 포함한 많은 생활 영역에서 문화적 다양성, 문화적 다원성, 다문화주의를 말하고 있다. 그러나 문화가 달라지면 문화라는 단어의 의미나 강조가 달라진다는 것도 알아야 한다. 만약 우리나라에서 문화를 말하면 우리나라 사람들은 문화라는 단어가 가진 측면보다는 단일민족 또는 반만년 역사 등을 먼저 생각하게 될 것이다. 그래서 특정 문화에서는 그들만의 관점을 갖고 다른 문화에서는 다른 관점을 갖게 된다.

문화는 삶의 다양한 측면을 언급하기 때문에 그 개념이 매우 혼란스럽고 애매하다는 것을 인정해야 한다. 문화는 삶의 많은 측면을 언급하는 데 사용되지만 Barry 등(1992)은 다음과 같은 여덟 가지 범주로 정리하여 제시하였다(Matsumoto & Juang, 2004).

- 일반적 특성
- 음식과 옷
- 주택과 기술
- 경제와 교통
- 개인 활동과 가족 활동
- 지역사회와 정부
- 복지, 종교, 과학
- 성과 생활 주기

문화는 생활과 삶의 많은 측면에 새겨진 복잡한 개념이다. 어떤 측면은 음식과 옷과 같은 물질적인 것을 포함하고, 어떤 측면은 정부 조직과 지역사회 구조와 같은 사회적 · 구조적 실재

를 언급하기도 한다. 또 다른 측면은 개인 행동, 재생산, 종교 혹은 과학과 같은 조직 활동을 말하기도 한다.

이러한 문화 자체는 볼 수도, 느낄 수도, 들을 수도, 만질 수도 없는 것이다. 우리에게 구체적이고 관찰 가능한 것은 문화 자체가 아니라 행위, 사고, 관습, 전통과 같은 행동의 차이다. 우리는 문화의 명시적 형태를 보는 것이지만 문화 자체를 볼 수는 없다. 문화는 행동의 차이를 보는 이유를 기술하는 설명적 개념으로 사용된다. 이러한 측면에서 문화는 추상적이고 설명적인 개념이다. 일반적으로 문화의 개념은 집단 내 개인의 유사성과 집단 간 차이를 설명하는 것이다. 그래서 집단 내 유사성과 집단 간 차이를 이해하고 범주화하는 데 도움이 되는 설명적 구성요소로서 문화의 개념을 사용한다. 이것은 사람들이 행동하는 이유를 이해하고 다른 집단의 행동에 있어서 차이를 설명하는 데 도움이 되는 이론적 또는 개념적 실재이다. 추상적 개념으로서 문화는 명칭이다.

문화는 추상적인 개념을 가진 명칭으로서 어떻게 정의되고 있는가? 100여 년 전부터 많은 학자들이 문화의 정의를 제시하고 있는데, 먼저 Tylor(1865)는 '문화란 사회 구성원으로서 학습한 모든 역량과 습관'이라고 정의하였다. Linton(1936)은 문화를 '사회적 유산'으로 정의하였다. 그리고 Kroeber와 Kluckholn(1952)은 문화를 '유물에 투영된 것을 포함하여 사람들의 명백한 성취를 구성하는 상징에 의해 획득되고 전파된 행동의 패턴'으로 정의하였다. Rohner(1984)는 문화를 '인간 집단 또는 확인할 수 있는 구분된 집단에 의해 유지되고, 한 세대에서 다음 세대로 전달된 대등하고 현재 학습된 의미의 전체성'으로 정의하였다. 나아가서 Triandis(1972)는 문화를 '도구와 같은 문화의 객관적 측면과 대비된 단어, 공유하고 있는 신념, 태도, 규준, 규칙, 가치와 같은 주관적 측면'으로 정의하였다. 이러한 구분은 Kroeber와 Kluckholn(1952)의 명시적 문화와 암시적 문화의 개념과 관련된 것이다. Jahoda(1984)는 문화를 규칙과 의미뿐만 아니라 행동까지 포괄하는 기술적 용어라 논의하였다. 몇몇 이론가는 성격이라는 측면에서 문화를 정의하였고(Pelto & Pelto, 1975; Schwartz, 1978), 또 다른 이론가들은 개인을 능가하는 공유된 상징체계로 정의하였다(Geertz, 1973). Berry 등(1992)은 문화를 간단하게 한 집단이 공유하고 있는 삶의 방식으로 정의하였다. 이렇듯 문화에 대한 정의는 학자마다 다르고 다양하게 언급하고 있어서 그 정의와 개념이 더욱 혼란스러울 수밖에 없다. 보다 최근에 Matsumoto와 Juang(2004)은 문화를 다음과 같이 정의하고 있다.

문화란 태도, 가치, 신념, 규준, 행동을 포함하는 생존을 보장하기 위해 집단에 의해 형성되고, 집단 내 각 특정 단위에 의해 다르게 갖고 있지만 집단이 공유하고 있으며, 세대 간에 전달되고, 상대적으로 안정적이지만 시간이 가면서 변화할 수 있는 잠재력을 가진 명시적이고 암시적인 규칙의 역동적인 체제이다.(p. 10)

다문화와 다문화가족의 개념

다문화(multiculture)라는 용어를 명확하게 정의하는 것은 어려운 과제이다. 문화에 대한 정의가 다양하듯 다문화의 정의 역시 명확하게 규정하는 것이 어렵다. 문화의 역동성과 변화로 인해 세계화 또는 국제화의 흐름 속에서 서로 다른 문화와 만나고 부딪히면서 상호 간에 영향을 주며 또다시 새로운 문화가 형성되어 왔다. 서로 다른 다양한 문화가 밀접한 관계를 맺고 상충하는 가운데 발생하는 여러 양식의 문제를 조화롭게 극복하고자 하는 의도에서 '다문화' 또는 '다문화주의'라는 용어가 생겨난 것이다(장영희, 1997).

다문화란 서로 다른 문화가 부딪히고 영향을 주고받는 가운데 각 문화를 연결하고 조화롭게 적용하고자 하는 사회적 필요성에 의해 생겨난 개념이다. 문화는 인간의 삶을 결정짓는 중요한 요소로 작용하면서 각 집단이나 사회, 그리고 민족이나 인종에 따라 각기 고유한 형태로 나타나는데 이렇게 각기 독특하면서 분절된 문화의 형태들이 하나의 조합을 이룬 상태를 다문화라고 볼 수 있고, 현대로 올수록 대부분의 나라는 다문화를 공유하는 사회가 되었다고 볼 수 있다(김홍운, 김두정, 2007; 이수미, 1999).

다문화사회는 다양한 문화적 배경을 가진 사람들이 모여 집단을 구성하고 있는 사회를 말한다. 문화적 차이는 크게는 인종적 또는 민족적 차이에 기인하기도 하지만 동일 인종이나 민족이라도 지역, 성별, 성장 배경 등에 따라 미시적 문화의 차이가 있을 수 있다. 따라서 다문화사회는 다양한 하위문화 집단으로 구분될 수 있고, 이들의 이질적 문화가 사회의 중요한 특징을 구성하고 있는 사회이다(김홍운, 김두정, 2007). 이런 사회에서는 각 하위문화 집단마다 자기 문화 중심의 사고가 형성되어 있고, 이것은 타 문화와의 의사소통에 있어서 장애물이 되어 갈등의 원인이 되기도 한다(조기제, 2004). 결론적으로 다문화는 언어, 문화, 관습, 성별, 종교, 직업, 계층, 인종 등의 차이에 의해 발생하는 다양한 문화를 의미하고, 그러한 특성을 가진 사회를 다문화사회라 한다. 이러한 사회의 최소 단위를 가정이라 하고, 그 가정을 구성하는 구성원들을 가족이라 한다. 따라서 다문화적 특성을 가진 가정을 다문화가정이라 하고 그 가정의 구성원을 다문화가족이라 한다.

교육인적자원부(2006)에서는 다문화가정을 '우리와 다른 민족 · 문화적 배경을 가진 사람들로 구성된 가정을 통칭하는 것으로 사용되고 있으며, 그에 따른 정책 대상으로는 국제결혼가정, 외국인근로자를 포함하고 있다'고 규정하고 있다.

다문화가족 형성 역사와 요인

다문화가족 형성 역사

우리나라 다문화가족 형성의 역사적 변화 과정을 간단하게 살펴보고자 한다. 1990년대 이전까지 다문화가족은 주로 한국인 여성이 미군이나 일본인 남성과 결혼하여 생겨났다. 이들은 미군 기지촌 주변에서 가정을 형성하여 생활하거나 미국으로 귀환하는 남편을 따라 이주하였다. 우리 국민이 국제결혼을 통해 해외로 이주하는 수는 1970년 3,700건으로 시작하여 1979년에 6,300건으로 증가하였지만 1990년대 중반 이후에는 1,000여 건으로 감소하였다. 1980년대 이후에는 우리의 경제력이 신장되면서 외국인의 국내 유입과 한국인의 해외 진출이 늘어났으며, 그로 인해 외국인 전문직 남성과 한국인 여성의 결혼이 증가하기 시작하였다.

1990년대 이후에는 국제결혼으로 인한 해외 이주가 크게 줄어든 반면 외국인이 입국하는 경우가 증가하였다. 특히 중국과 동남아시아 여성에게 우리나라의 위상이 높아지면서 이들과의 국제결혼이 크게 증가하였고, 외국인 근로자와의 국제결혼도 증가하기 시작하였다. 이때까지의 국제결혼은 한국인 남성과 외국인 여성 부부가 대다수를 차지하였고, 국적으로 보면 중국에서 입국한 여성이 가장 많았다. 이는 정부가 농촌 총각 장가보내기 사업을 적극적으로 추진하였기 때문이다.

1990년대 말부터는 다문화가족을 형성하는 요인이 다른 양상을 보이기 시작하였다. 우선 외국인 근로자와 한국인의 결혼이 증가하기 시작하였는데, 한국 여성과 외국인 남성의 결혼이 주류를 이루었다. 과거에는 한국인 여성과 일본이나 미국 등 선진국 남성과의 결혼이 주류를 이루었으나, 최근에는 중국, 파키스탄 등 외국 근로자 남성과의 결혼이 꾸준히 증가하고 있다. 이것은 1900년대 중반 이후부터 국제결혼 상대자의 국적이 다변화되고 있음을 보여 주는 것이다.

다문화가족 형성의 또 다른 양상은 북한 이탈 주민들의 유입이다. 1990년 초반에 북한의 식량난 등으로 북한을 이탈하는 주민이 급증하기 시작하였고, 우리 정부의 햇볕 정책으로 인해 북한 이탈 주민의 숫자가 급격히 증가하였다.

이상과 같이 우리나라 다문화가족 형성 역사를 보면 초기에는 아메리칸 드림을 꿈꿔 온 미군 병사와의 결혼이 중심이었지만, 사회가 발전하면서 도시에는 전문직 여성과 외국인과의 결혼이, 농촌에서는 농촌 총각과 외국 여성의 결혼이 다문화가족 형성에 기여하였다. 이후 1990년대 중·후반부터는 코리안 드림을 이루기 위해 입국한 외국인 근로자와 한국인의 결혼, 그리고 북한 이탈 주민들의 급격한 유입이 우리나라 다문화가족을 형성하고 있다.

다문화가족 형성 요인

우리나라에서 국제결혼에 의해 다문화가족 형성이 급격하게 증가하게 된 사회문화적 배경을 간단하게 살펴볼 것이다. 먼저 장은정(2007)은 국제결혼이 증가하게 된 배경을 세 가지로 제시하고 있다.

첫째, 다문화가족의 형성은 글로벌 시대라는 시대적 흐름과 맥을 같이 하고 있다. 국가 간 이동이 증가하고 유동적인 사회 공간적 관계가 형성되면서 그 안에서 개인들의 정체성도 성, 인종, 국적 및 계층의 상호작용에 따라 초국가주의 방향으로 전개되고 있다. 이러한 사회적 배경을 바탕으로 1990년대 중반 이후 한국 남성과 외국 여성 간의 국제결혼은 '이주의 여성화' 현상과 한국 결혼 시장의 파행적 구조와 결합되어 만들어진 현상으로 볼 수 있다. 일자리를 찾아 국내로 유입된 외국인 노동자들이 한국 사회에서 정착하기 시작하였다. '이주의 여성화'란 국가 간 노동이동의 50% 이상이 여성 이주자에 의해 이루어지는 현상을 말하며, 여성이 남편이나 가족을 따라 이동하는 동반 이주자로서가 아니라 여성 스스로 주체적으로 이주하는 경향을 말한다. 이러한 이주의 여성화 현상은 특히 중국 조선족을 중심으로 두드러지게 나타나고 있다.

둘째, 우리 사회의 국제결혼 성립 과정은 배우자 선택 과정의 원리인 '결혼 경사 현상'으로 설명된다. 결혼 경사 현상이란 배우자를 선택할 때 대부분의 여성이 자신보다 사회 경제적인 측면과 그 외 여러 가지 측면에서 자신보다 나은 수준의 남성을 배우자로 선택하는 경향을 말한다. 현재 국가 경쟁력이 뒤떨어진 국가의 여성이 한국 남성을 결혼 대상자로 선택하면서 다문화가족이 증가하고 있는 것은 국제결혼을 선택한 남성들의 특징을 통해 알 수 있다. 국제결혼이 국내의 동질 집단 내에서 결혼이 어려운 높은 연령, 낮은 학력, 재혼, 농촌, 낮은 경제적 수준의 남성들에게서 발생한다는 것이 결혼 경사 현상을 잘 설명해 주는 것으로 볼 수 있다.

셋째, 인구학적 원인인 남녀 성비의 불균형 현상을 들 수 있다. 남아선호사상으로 인해 남녀 성비의 불균형이 심화되면서 결혼적령기 남성들이 배우자를 선택하는 데 어려움을 겪고 있다. 특히 고학력과 전문직 여성들이 결혼 시기를 늦추거나 독신을 선택하는 비율이 증가하면서 결혼 시장에서 이탈하는 현상을 보이고 있는데, 이것이 결혼 연령층의 성비 불균형을 악화시켜 결국 한국 남성들이 배우자를 선택하는 것을 어렵게 하였다.

한편 박경동(2007)은 위의 세 가지 요인에 더하여 지방정부의 인구정책, 국제결혼 중개시스템의 발달, 한국 대중문화의 영향을 추가적으로 제시하였다.

첫째, 지방정부의 인구정책의 측면에서 한·중 수교 이후 민간단체들이 조선족 여성과의 결혼을 주도하였고, 이후 도시 간 협정 체결을 통해 농촌 총각 장가보내기 사업이 본격적으로 추진되었다. 이때부터 각 지방자치단체는 국제결혼 증가의 한 축을 담당하게 되었다. 농촌 총각의 국제결혼은 지역의 경제 활동 인구를 늘리고 정주권의 활성화를 가져오며, 선거에서는 중요한 지지기반이 될 수 있도록 하였다. 또한 인구수는 지방정부의 예산과 인사에 절대적 영향을 주고 그 자체가 경쟁력으로 작용함에 따라서 중앙정부의 지침과 관계없이 지방정부는 자체적으로 노총각 장가보내기 운동을 전개하게 되었다.

둘째, 국제결혼 중개시스템의 발달이 국제결혼의 증가를 유발하였다. 다양한 형태와 크기의 국제결혼 중개업이 형성되면서 국제결혼과 관련된 불미스러운 일도 발생하고 있지만, 결과적으로 국내에서 배우자를 찾지 못한 사람들을 결혼 시장으로 나오게 하였다. 이것이 한국 사회의 국제결혼 급증의 한 요인이 되었다.

셋째, 우리나라 대중문화의 영향도 국제결혼 증가에 기여한 요인이다. 한류라는 이름으로 아시아 지역에 확산되고 있는 한국의 대중문화는 한국 사회의 경제적 수준 이외에 아시아권 여성에게 한국에 대한 또 다른 기대와 호감을 갖게 하고 있다. 아시아 각국의 여성들이 한국의 대중문화를 수용하면서 자신의 관점으로 한국을 해석하고 결과적으로 국제결혼의 동기에 영향을 미치고 있는 것이다.

다문화가족의 형성 과정

우리나라 다문화가족의 형성 과정은 외국 여성의 적극적인 선택과 한국 남성의 전략적인 선택이 결합된 형식으로 이루어지고 있다. 다문화가족이 형성되는 과정을 박경동(2007), 장은정(2007), 김오남(2006)의 연구에 기반하여 살펴볼 것이다.

우선 외국 여성의 적극적인 선택에 의한 다문화가족 형성이다. 여성들이 다른 나라로 이주하는 이유는 첫째, 경제적 어려움과 성별적인 구조적 조건뿐만 아니라 새로운 삶을 개척하려는 능동적 의지와 결합이 된다. 이러한 의지들은 다양한 구조적 강제와 협상을 통해 드러나며, 이는 이주여성의 현실적 위치를 다각도로 조명하는 과정이 된다. 외국 여성들은 계층 상승에 대한 열망으로 국제결혼을 선택하는 경우가 있다. 가난한 현실을 탈피하고 윤택한 생활을 지향하고자 하는 욕망의 발현인 것이다.

둘째, 자국 남성에 대한 실망이 국제결혼의 선택이라는 모습으로 나타나는 것이다. 이들은 미래가 불투명한 자국 남성들보다 비록 걱정과 우려는 있지만, 행운의 가능성이 더 높은 것이 한국 남성일 것이라는 막연한 기대감으로 국제결혼을 선택하는 것이다.

셋째, 이상을 실현하기 위한 선택으로 결혼을 하나의 통과의례로 본다면, 국제결혼은 안정적인 생활을 보장하는 종착역이기보다 자신의 이상을 실현하기 위한 과정이 될 것으로 생각한다.

두 번째 형성 과정은 한국 남성의 전략적 선택이다. 농촌 총각의 문제와 결혼중개업소의 등장, 지방정부의 지원 등과 같은 구조적인 요인 외에 한국 남성의 전략적 선택의 측면도 살펴보아야 한다. 우선 남성의 열등감과 보상심리 때문에 국제결혼을 선택하는 경우이다. 국내에서 결혼상대자를 찾지 못한 남성들은 열등감을 가질 가능성이 크다. 이들에게 국제결혼은 상실된 남성성에 대한 회복이면서 불안전한 남성성의 회복이다. 또한 고학력이나 순결과 같은 한국 여성에게서 기대할 수 없는 성적인 매력과 미모를 갖춘 젊은 여성을 얻었다는 것은 손상된 남성성에 대한 보상심리로 작용한다.

두 번째로 외국 여성의 비교우위 측면이 강조되고 있다. 한국 남성들은 결혼비용도 저렴하며 비용 대비 만족도가 높다고 생각하고 있다. 즉 외국인 여성들은 한국 여성과 달리 시부모를 모시고 살며, 남편에게 순종적이고 고학력이며, 농촌 생활이 가능하다는 장점이 있다고 생각한다.

세 번째로 가문의 대를 잇는다는 명분을 갖게 된다. 농촌은 아직도 전통적 규범과 가치가 크게 영향을 미치는 특징을 갖고 있다. 특히 결혼을 통해 대를 이어야 한다는 관념은 한국 여성과의 결혼이 현실적으로 어렵기 때문에 국제결혼을 하게 하는 압력으로 작용한다.

네 번째는 가정 해체에 대한 두려움을 극복할 수 있다는 것이다. 조선족 여성들의 위장결혼이 사회문제가 되면서 이러한 우려를 불식시킬 수 있는 아시아의 저개발국 여성들이 국제결혼의 대상이 되었다. 이들은 언어와 외모, 문화적 차이 등은 있지만 도망가지 않고 온순하며 시부모를 잘 모실 것이라는 광고에 따라 다양한 국적의 여성들이 국제결혼 대상자로 선택되고 있다.

이상과 같은 요소들이 우리나라 다문화가족이 형성되는 과정에 영향을 주고 있다. 이러한 영향들이 다양한 국적을 가진 여성들의 결혼이주로 이어지고, 그 결과 문화적 충돌에 의한 전혀 새로운 갈등을 유발하는 상황이 만들어지고 있는 것이다.

다문화가족의 양식

다문화가족의 양식에 대해서 합의된 것은 없지만 여러 연구(박효섭, 2006; 서혁, 2007; 주경란, 2009; 평택대학교다문화가족센터, 2007)에 의하면 네 가지로 유형을 분류할 수 있다. 즉 국제결혼 또는 결혼이민자 가족, 외국인 근로자 가족, 북한 이탈 주민 또는 새터민 가족, 외교관 등 해외공관 가족, 1인 외국인 가족 등이 그것이다. 이 가운데 가장 일반적이고 상대적으로 인구가 많은 것이 결혼이민자 가족, 외국인 근로자 가족, 북한 이탈 주민 가족이다.

결혼이민자 가족은 한국 남성과 외국 여성 또는 한국 여성과 외국 남성의 국제결혼에 의해 형성된 가족을 말하는 것으로 대표적인 다문화가족 형태이다. 그리고 외국인 근로자 가족은 한국에서 결혼하거나, 본국에서 결혼하여 형성된 가족이 국내에 이주하여 생활하고 있는 경우이다. 또한 북한 이탈 주민 가족은 북한에서 태어나서 한국에 입국하거나 한국에서 한국인 또는 외국인과 결혼한 가족 형태이다.

표 1.1 다문화가족의 유형

양식	내용
결혼이민자 가족	한국 남성+외국 여성, 한국 여성+외국 남성
외국인 근로자 가족	한국에서 결혼 혹은 본국에서 결혼 후 국내에 이주한 가족
북한 이탈 주민 가족	북한 출생 후 한국 입국, 한국인과 결혼, 혹은 외국인과 결혼한 가족
1인 외국인 가족	외국인 근로자, 유학생 등

출처 : 평택대학교다문화지원센터(2007), p. 19.

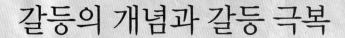

02

갈등의 개념과 갈등 극복

갈등의 개념

현대를 살아가는 모든 사람의 삶에서 갈등은 보편적인 현상으로, 피할 수 없는 삶의 한 부분이다. 이러한 갈등은 개인의 내적인 욕구의 대립, 사고와 행동의 불일치, 개인 간의 이해관계 대립과 같은 미시적 갈등에서부터 노사 간의 대립, 국가 간 또는 인종 간의 이념적·경제적 대립과 같은 거시적 갈등까지 매우 다양하다. 이러한 갈등은 사회가 복잡해질수록 그 빈도와 강도가 커지게 된다.

갈등이란 두 가지 이상의 욕구가 동시에 충족되지 않고 어느 하나를 선택해야 할 때 개인이 경험하는 심리적 현상이다. 갈등은 개인 간의 대립적 또는 적대적 상호작용을 지칭하는 것으로 심리적 대립감과 대립적 행동을 포괄하는 개념이다. 갈등 상태는 이러한 대립적인 2개 이상의 상반된 욕구가 존재하여 어떻게 할지 결정을 하지 못하는 상태로서, 개인뿐만 아니라 인간관계에서 적대성을 보이고 심리적 불균형을 유발하기 때문에 갈등의 해소 또는 관리는 개인의 삶에서 매우 중요하다.

갈등은 사람에 따라 또는 학문 분야에 따라 다양하게 정의되기 때문에 한 마디로 정의하기는 쉽지 않다. 갈등이라는 용어는 사회과학의 제 분야에서 광범위하게 사용되고 있으며, 많은 학자들이 수년에 걸쳐서 적절한 정의를 찾고자 노력해 왔지만 객관적이고 명확한 정의는 내려지지 않은 상태이다. 특히 사회과학의 영역에서 차지하는 갈등의 연구 영역은 매우 광범위하다. 따라서 이 개념을 통일하여 특정 대상에 적용하는 것은 쉽지 않은 문제임을 알 수 있다.

심리학자는 개인과 집단의 측면에서 삶이란 2개의 대립되는 세력 간의 투쟁과 타협의 과정이라는 전제하에 인간 내면의 인성적인 심리특성에 입각하여 갈등을 논하고 있다. 반면에 사회학자는 주로 집단과 집단 간의 이해관계에 입각하여 갈등을 설명하고 있다. 이는 갈등의 연구대상조차도 통일하기 어려움을 보여 준다. 즉 갈등에 대하여 심리학자는 개인의 갈등에 대해서는 잘 설명하고 있으나 집단갈등은 잘 설명하지 못하고 있고, 사회학자는 집단갈등의 사회적 측면을 중시하여 갈등의 심리적 동인(動因)을 도외시하고 있는 것이다. 인간이 사회적 동물로서 사회적 관계를 통하여 미묘한 감정교류를 한다는 점에서 심리적 측면을 무시할 수 없고, 또 인간의 심리적 측면을 취급하면서 사회적 영향 내지 제약을 무시할 수는 없다.

이러한 갈등에 관한 정의는 학자에 따라 다양하게 기술되고 있는데 이를 살펴보면, 윤용희(1995)는 인간관계를 파괴하는 극한 상황의 충돌이나 대립이 아니라 자원이나 목표의 차이로 각자의 욕구가 충족되지 못하고 상호 이해의 결여나 오해와 같은 장애물로 인하여 방해를 받는 어려움의 정도 혹은 긴장이라 하였다. 임영제 등(2003)은 심리학적인 측면에서 갈등이란 유기체가 2개 또는 그 이상의 목표에 직면하여 그 목표들이 지니는 유인가가 대체로 비슷하거나 그 방향이 상반되는 까닭에 유기체가 어떤 위치에서 움직일 수 없는 상태라 하였다. 이정원(2007)은 갈등이란 개인의 정서나 동기가 다른 정서나 동기와 모순되어 그 표현이 저지되는 현상으로 둘이나 그 이상의 당사자 사이에 상반된 목표 인식으로 빚어진 사회적 과정 또는 상황을 의미한다고 하였다. March와 Simon(1985)은 의사결정의 표준 메커니즘에 장애가 생겨 개인이나 집단이 하나의 행동대안을 선택하는 데 곤란을 겪는 상황을 갈등이라 정의하였다. Boulding(1962)은 잠재적인 미래 지위의 모호성을 의식하고 각 당사자가 다른 당사자의 희망과 상반되는 지위를 획득하기를 바라는 경쟁 상태라고 정의하였다. Thomas(1976)는 갈등은 개인 내에서 양립될 수 없는 반응적 경향으로 한 개체가 관련된 일 중에서 다른 것에 의하여 좌절되었거나 좌절하려는 것을 지각할 때 나타나는 과정이라고 하였고, Luthans(1981)는 두 가지 긍정적인 목표 가운데 하나의 목표만을 선택해야 하는 상태로 정의하였다. 그리고 Pondy(1989)는 갈등을 하나의 에피소드로서 역동적인 과정으로 파악하여 잠재된 갈등, 지각된 갈등, 감지된 갈등, 명백한 갈등, 갈등의 결과로 5단계를 거친다고 정의하였다.

이러한 갈등 개념의 다양성에도 불구하고 기존의 갈등 정의에서 공통점을 발견할 수 있다. 첫째, 갈등은 당사자에 의하여 지각되어야 한다는 것이다. 그렇다고 해서 표면화되는 대립적인 행동만을 지칭하는 것은 아니다. 즉 현실적으로 표면화되지 않는 갈등도 많이 있지만 이는 지각하지 못하고 있다는 것을 의미하는 것은 아니다. 둘째, 갈등은 갈등 요인이 존재해야 한다. 셋째, 갈등 상황에는 둘 이상의 당사자가 존재한다. 여기서의 당사자는 개인이나 집단, 혹은 조직일 수 있다. 넷째, 갈등은 불일치에서 오는 심리적 대립감과 대립적 행동을 내포하는 동태적 과정이다. 다섯째, 갈등은 조직을 위해 유익한 것일 수도 있고 해로운 것일 수도 있다. 일반적으로 갈등은 조직에 있어서 역기능으로 이해되고 있으나 조직이 추구하는 목적이나 가치를 지원하는 것은 순기능적이며 건설적인 갈등이다. 이와 같이 갈등을 보는 시각의 차이에서 갈등의 개념을 달리 인식할 수 있다. 이와 같은 공통점을 중심으로 갈등을 행동주체 간의 대립적 혹은 적대적 상호작용으로서 행동주체들이 지각하는 행동 과정이라고 정의할 수 있다.

심리학에서 갈등은 '서로 대립되는 2개 이상의 욕구가 동시에 만족될 수 없는 심리적 상태'라고 한다. 즉 갈등은 어느 한 사람이 자신의 관심사를 다른 한편에서 좌절시키려 할 때 생기는 과정이다. 갈등은 한 사람 또는 집단의 기대나 목표지향적 행동이 타인이나 타 집단에 의해 좌절되거나 차단되는 상황에서 발생하게 되는데, 대표적으로 결혼으로 결합된 두 남녀가 공동의 가정을 이루어 일상생활을 함께 영위하다 보면 필연적으로 뒤따르게 되는 것이 부부갈등이다. 부부갈등은 다른 가족관계의 갈등과 마찬가지로 가족갈등의 하위체계로 볼 수 있으며, '부부가 결혼생활을 영위함에 있어 부부간 상충되는 욕구, 목표, 기대의 불일치'라고 할 수 있다. 부부관계는 서로 다른 인격체, 상이한 성장 과정과 이해·관심을 가진 두 사람의 결합이므로 갈등과 경쟁은 보편적으로 존재하며, 계속적인 역동의 과정으로 보는 것이 옳을 것이다.

이러한 갈등은 긍정적일 수도 있고 부정적일 수도 있다. 그 영향이 무엇이든 갈등이 개인 및 조직에 미치는 순기능과 역기능 혹은 편익과 비용을 분석하면 다음과 같다(윤재풍, 1997).

첫째, 균형적 측면(equilibrium)이다. 갈등은 개인과 조직 및 집단의 균형을 깨뜨리고 불안과 무질서를 초래할 수 있는 반면 갈등에 의하여 초래되는 불균형으로 인하여 정태적이고 비발전적인 개인과 조직 및 집단의 동태적인 성장, 발전의 계기를 맞이할 수 있다.

둘째, 통합적 측면(integration)이다. 갈등은 개인과 조직의 통합과 조화를 파괴할 수 있다. 그러나 조직이나 집단이 외부집단과 경쟁이나 마찰 등의 갈등을 빚는 경우 조직의 내적 응집성과 조직 구성원의 충성심 향상을 가져올 수 있으며, 또한 조직 내부의 갈등이 있은 연후에 조직의 새로운 조화와 통합력의 향상을 볼 수 있다.

셋째, 안정적 측면(stability)이다. 갈등은 개인이나 조직에 불안과 긴장을 조성한다. 그러나 어느 정도의 갈등과 긴장은 발전과 생산성의 향상을 위하여 필요한 개인적 및 사회적 비용이다. 최적의 불안은 오히려 역동적인 변화와 발전의 돌파구를 제공해 준다.

넷째, 창의성(creativity)과 혁신성(innovation) 측면이다. 극단적 갈등은 개인과 조직 내의 창의성과 혁신성을 저하시킨다. 그러나 어느 정도의 갈등은 오히려 개인과 조직 내에 참신한 아이디어를 생성하게 한다.

이상과 같이 갈등의 정의는 매우 다양하게 언급되고 있는데, Schmidt와 Kochan(1972)은 세 가지로 나누어 설명하고 있다(김종주, 1990, 재인용).

첫째는 갈등의 정의가 가치를 내포하는 용어에 의존하는 경우로서 March와 Simon의 개념 규정이 여기에 해당된다. 즉 갈등이란 의사결정의 표준 메커니즘이 파괴되어 개인이나 집단이 행동대안을 선택하는 데 곤란을 겪는 상황을 말한다. 유의성이 있는 분석 결과를 얻기 위해서는 정의 속에 가치의 관점이 배제되어야 하는데, 이러한 부류의 정의는 갈등에 대한 규범적인 가치를 바탕에 두고 있다. 특정한 갈등의 가치는 제도적 상황, 갈등의 결과, 갈등의 여운효과 그리고 가치판단을 행하는 개인의 관점과 같은 요소에 의존하지만 이러한 변인들은 근본적으로 행태와 관련된 현상의 개념적 정의와는 분리해 취급되어야 한다.

둘째는 광의의 정의로서 다른 개념이나 갈등의 선행조건과의 구별이 불가능하게 된다. Pondy에 의하면 갈등이란 용어가 때때로 문헌 속에서 (1) 갈등행동의 선행조건(자원의 희소, 정책 간의 차이 등), (2) 관련된 개인의 정서적 상태(긴장감, 압박감, 증오심, 불안 등), (3) 개인들의 인지적 상태(갈등 상황의 인식이나 지각 등), (4) 수동적 저항으로부터 표면적 공격에 이르기까지의 갈등행동을 기술하기 위해 사용되어 왔다고 하였다. Pondy는 갈등의 전개를 동태적인 과정으로 취급함으로써 이 같은 딜레마를 해결하고자 하지만, 갈등의 각 단계를 구분 짓는 기준뿐만 아니라 잠재적 갈등과 현재적 갈등 사이의 개념적 구분을 제시하지 못하였다.

셋째는 갈등과 경쟁 사이를 혼동하는 정의이다. 갈등과 경쟁의 구분이 개념상의 모호성을 야기하는 세 번째 원천을 제공한다. 갈등과 경쟁의 관계를 보는 견해는 대체로 세 가지로 나눌 수 있다.

- 갈등을 경쟁의 부분집합으로 보는 견해 : 갈등은 항상 경쟁을 내포하지만 모든 경쟁이 갈등을 포함하는 것은 아니라고 보는 것이다.
- 행동의 규제 정도의 측면을 강조하는 견해 : 경쟁은 경쟁자를 규제하는 확립된 규칙과 제

도화된 규범을 내포하고 있지만 갈등은 규제되지 않은 행위를 말한다.

- 갈등과 경쟁을 행태적으로 구별되는 현상으로 취급하며 갈등을 협의로 정의할 것을 주장하는 견해 : 갈등에는 주체들 간에 활동의 상호 의존성이 있으며 어느 한쪽이 다른 한쪽의 활동에 간섭하거나 활동을 방해하는 데 반하여 경쟁에 있어서는 이러한 상호 의존성이 없으며 방해도 없다.

이러한 갈등 현상을 조직이론에서 다루는 조직 간 또는 조직 내 갈등에 대한 논의는 생략하고 여기서는 개인적 갈등(interpersonal conflict)에 대해서만 간단하게 다루고자 한다. 기본적으로 개인적 갈등 역시 조직 간 또는 집단 간 갈등의 경우와 거의 유사하므로 개인 간 갈등에서 고려해야 할 요인과 개인 간 상호작용에 있어서 갈등 유발 상황은 어떤 것인지에 대해서 살펴보고자 한다. 이하는 문형구(1985)의 논문인 '갈등분석의 통합적 구성을 위하여'에 게재된 내용을 전제한다.

실제 상황에서 각 개인은 혼합된 동기(mixed motive)를 갖고 있다. 즉 개인들 사이의 관계에서 목적과 가치, 수단과 이해관계 등이 서로 겹치는 경우가 많지만 이해관계의 완벽한 조정은 있을 수 없기 때문에 개인 간 상호작용이 있을 때는 언제나 갈등이 존재하게 된다.

사회적 갈등을 설명하려는 여러 논의에서 나타난 가정을 공리적인 사회적 인간관(utilitarian social man)과 본능적인 사회적 인간관(instinctive social man)으로 보고 있는 Tajfel은 공리적인 사회적 인간관에 입각한 논의는 게임이론에서 출발하여 합리적 계산을 전제로 하고 있다고 본다. 즉 여러 가능한 행위 중에서 미래 효용의 합리적 계산하에서 갈등 상황에 대처한다는 것이다. 따라서 갈등 상황 참여자 사이의 상호작용을 배제하고 개인 내부의 문제로 사회적 갈등을 국한하고 있다는 비판을 받고 있다.

갈등 상황은 본질적으로 사회적 현상이기 때문에 갈등의 전개는 (1) 관련된 개인 사이에 존재하는 관계, (2) 관계에 대한 개인들의 인식, (3) 상대방에 대한 성격 부여 등을 고려하지 않고서는 완전하게 이루어질 수 없다.

한편 Deutsch는 갈등연구에서 다루어야 할 요소들을 다음과 같이 말하고 있다 ― (1) 갈등해결의 조건, (2) 갈등 상황에서 유리한 위치를 차지하기 위한 환경, 전략, 전술, (3) 갈등 당사자의 합의를 결정하는 요소, (4) 기타 연합 형성(제3자의 영향력, 갈등 당사자의 인성의 영향, 갈등 감소의 전략, 갈등 요인, 협상세팅의 본질).

갈등에 있어서 의사소통의 영향을 검토하고 있는 Kiesler는 위와 유사하게 개인 간 관계에서 일련의 사건에 대한 방점(punctuation), 즉 사건을 원인과 결과의 형태로 조직하는 것에 있어서 차이가 나기 때문에 갈등이 악화된다고 보고 있다. 다시 말하면, 주어진 사건에 대한 인식에 차이가 생길 때 갈등이 유발된다는 것이다.

갈등의 양식

갈등의 양식 역시 학자마다 다양하게 제시하고 있지만, 일반적으로 개인갈등과 조직갈등으로 구분하고 있다. 개인갈등은 두 사람 이상이 동일한 문제에 대해 불일치할 때 생기는 갈등으로 대개는 인성의 차이에 기인한다. 개인갈등은 실질적 갈등과 감정적 갈등이 있다. 실질적 갈등에는 정책이나 관습에 대한 의견 불일치, 불신, 원망, 거절 등이 속한다. 일반적으로 실질적 갈등이 감정적 갈등으로 변하는 경우가 많다. 조직갈등은 개인 간, 집단 간, 조직단위 간 갈등을 말하며 목표의 차이, 현실에 대한 인식의 차이, 공동결정의 필요성 등이 원인이 된다.

특히 개인 간 갈등을 계층에 의하여 구분하면 수평적 갈등과 수직적 갈등이 있는데, 이것은 한 개인을 중심으로 상급자와 하급자 간의 갈등을 수직적 갈등으로, 동료와의 갈등을 수평적 갈등으로 구분할 수 있다.

그러나 여기서는 이러한 구분이 아니라 통합적 측면에서 갈등의 양식을 제시하고자 한다.

첫째, 목표갈등(goal conflict)이다. 목표갈등은 주로 목표를 추구하는 동기 사이에 심리적 갈등이 야기되는 것으로 Levin은 인지적 부조화(cognitive dissonance)라 한다. 이것은 접근-접근 갈등(approach-approach conflict), 접근-회피 갈등(approach-avoidance conflict), 회피-회피 갈등(avoidance-avoidance conflict)으로 구분된다. 접근-접근 갈등은 2개의 긍정적인 목표 가운데 둘 다 가질 수는 없고 하나를 선택해야 하는 경우에 발생한다. 접근-회피 갈등은 하나의 목표가 긍정적인 요소와 부정적인 요소를 동시에 갖고 있는 경우에 발생한다. 회피-회피 갈등은 피하고 싶은 2개의 부정적인 목표 가운데 하나는 택해야만 하는 경우에 그 어느 것을 선택해도 마음에 들지 않지만 그래도 선택해야 하는 상황에서 발생한다.

둘째, 좌절갈등(frustration conflict)이다. 이는 목표지향적 행위가 장애물로 인하여 차단됨으로써 목표에 도달할 수 없을 때 발생한다. 장애는 외재적인 것과 내재적인 것으로 나눌 수 있다. 그리고 목표달성이 좌절될 경우에는 여러 형태의 반응이 나타나는데, 이것을 방어기제라 한다.

셋째, 의사소통 갈등(communication conflict)으로, 의사소통의 왜곡 또는 의사소통의 어려움으로 인한 갈등을 말한다. 의사소통이 왜곡되면 근거 없는 불신과 적대감이 발생하여 갈등이 생긴다. 의사소통 갈등은 의사소통 왜곡, 의미의 난해성, 정보의 의도적 봉쇄, 완전한 정보 등으로 발생한다.

넷째, 역할갈등(role conflict)이다. 역할갈등은 역할 내 갈등(intrarole conflict), 역할 간 갈등(interrole conflict), 지위 불일치(status incongruence)에 따른 갈등 등 여러 형태로 나타난다. 역할 내 갈등은 중간 위치에 있는 사람이 상하 위치의 입장을 동시에 고려할 때 발생한다. 또한 기대되는 역할이 전통이나 규범에 어긋날 때 갈등이 유발된다. 역할 간 갈등은 중간 위치에 있는 사람에 대한 상하 위치에 있는 사람들의 기대에 차이가 있을 때 발생한다. 이것은 두 가지 이상의 역할이나 직무를 수행할 때도 나타난다.

다섯째, 의사결정 갈등(decision conflict)이다. 이것은 대안에 대한 갈등, 제한성에 대한 갈등, 모험성에 대한 갈등으로 나눌 수 있다. 대안에 대한 갈등은 의사결정에 있어서 대안에 대한 비수용성(unacceptability), 비비교성(incomparability), 불확실성(uncertainty) 가운데 하나가 있을 때 발생한다. 비수용성은 제시된 대안 가운데 어느 것도 만족할 만한 것이 되지 못해 선택이 곤란할 때이다. 비비교성은 각 대안의 결과를 짐작은 하지만 어떤 대안이 최선의 것인지 비교할 수 없을 때 발생하고, 불확실성은 각 대안이 가져올 결과를 알지 못할 때 발생한다. 제한성에 따른 갈등은 완전 합리성(perfect rationality)에 입각한 최적화가 어려워 만족화를 추구할 수밖에 없는 제한된 합리성에 입각한 의사결정 갈등이다. 모험성에 대한 갈등은 집단 토의과정을 거치는 의사결정의 경우 대체로 모험성이 강한 대안이 선택되는 경향이 높아 이 같은 모험화 성향(risky shift)으로 갈등이 초래되는 것을 말한다.

여섯째, 자원갈등(resources conflict)이다. 이것은 한정된 자원을 집단 단위 사이에 공동으로 사용하는 경우 발생할 수 있다. 특히 한정된 자원을 놓고 그것이 필요한 집단 단위 사이에 '내 것이 아니면 네 것'이라는 제로섬 게임이 벌어지는 경우에 갈등이 더욱 심화된다.

일곱째, 인지갈등(perception conflict)이다. 이것은 대인관계에서 주로 발생한다. 인지갈등은 대인지각에서 두드러지게 나타나는 부정적 고정관념(negative stereotyping)이 작용할 때, 남을 깔보는 이기주의적 귀인 과정(attribution process)이 나타날 때, 그리고 사회에 만연한 불신이 인간관계에 영향을 미칠 때 크게 나타난다. 자기와 학연·지연·혈연이 다르다고 해서, 모르는 남이라 해서, 자기와 취미·생각·태도가 다르다고 해서 아무렇게나 대해도 좋다고 생각하거나 자기 편한 대로 지각하는 것은 옳지 않다.

여덟째, 이질적 요소 갈등(heterogeneity conflict)이다. 이것은 구성원 사이에 욕구, 가치관, 성격, 교육수준, 연령, 경력, 배경 등의 차이에 따른 갈등이다. 이 차이가 클수록 구성원 사이에 친밀하게 협동할 가능성이 낮아지고 부조화와 갈등을 일으킬 가능성이 높아진다. 차이가 큰 사람들이 함께 있으면 행동방안의 선택뿐 아니라 실제 행동 수행에서 대립과 마찰이 발생하게 된다.

아홉째, 불공정 요인 갈등(inequity conflict)이다. 평가 및 보상체계에서 형평성이 결여되었다고 판단될 때 일어난다.

열째, 권력갈등(power conflict)이다. 이는 권력관계의 불균형에서 발생한다. 의존이 일방적이거나 상호적이라 해도 연속적인 성격을 가질 때, 이러한 의존성 때문에 권력균형이 한쪽으로 기울어져 의존을 해야 하는 쪽은 갈등의 가능성이 높아진다.

갈등 그 자체는 선도 그리고 악도 아니다. 그저 갈등일 뿐이다. 갈등을 유발하는 상황은 일상생활에서 지속적으로 일어난다. 어떤 상황은 그 주변 환경 혹은 다른 사람의 행동에 대한 반응 때문에 갈등으로 변하기도 한다. 그와 같은 반응은 가치관, 편견 그리고 삶의 경험들에 기초한다. 갈등은 사람들 안에 존재하는 것이지 독립적으로 외부에 존재하지 않는다.

갈등의 지각은 보통 한 사람이 어느 정도의 위협에 대한 인정을 동반하는데, 일반적으로 어느 정도의 상실이 기대되는 것이다. 갈등의 지각은 상대방으로부터 분리 감정을 유발한다.

갈등의 한 가지 형태는 생존하기 위한 경쟁이다. 우리는 식량, 물, 에너지, 돈과 같은 충분한 자원이 없다고 생각할 때 갈등하고 있다는 것을 발견하게 된다. 또한 타인이 우리의 가치체계에 직면하여 우리의 가치기준을 저하하거나(예를 들면 우리의 고유한 가치에 부정적 영향을 미치는 무언가를 하는 것) 혹은 우리의 평화를 깰 때 갈등으로 인식하기도 한다. 어떤 갈등은 다른 것들보다 더 심각한데 그것은 모든 것이 부정적으로 인식되는 경향을 가질 때이다.

갈등은 변화에 대한 동기유발로 인식되기도 한다. 이와 같은 관점에서 갈등은 부정적이 아니라 오히려 긍정적이다. 갈등관리 전문가들은 갈등 상황에서 성장하고 교훈을 배우도록 도움을 줄 수 있다. 우리가 갈등해결의 의사소통, 협상, 조정을 투입하여 사람들이 갖고 있는 자신들의 주도적 입장의 확보유지나 '승리'가 갈등의 가장 중요한 결과라는 관념을 버리도록 하는 데 도움을 줄 수 있다.

지각된 갈등의 가장 커다란 자원이 변화라는 것을 인식하는 것이 중요하다. 그러나 변화는 중립적이며 계속적이다. 변화는 회피할 수 없다. 변화의 관점을 부정적으로 보면 긍정적 움직임이나 적응에 장애가 된다.

갈등과 분쟁

갈등은 대다수 분쟁의 핵심이다. 어떤 때 갈등은 개인에 국한한다. 즉 이것은 단지 타인과 분쟁하는 개인의 입장을 실제 강제하는 것이다. 많은 분쟁은 다음과 같은 형태를 갖는다.

- 확인하기(identifying) : 첫 번째 단계는 갈등을 확인하는 것이다. 사람은 결과에 대한 불일치가 존재하고 어떤 잘못이 행해져 왔다는 것을 확인하고, 그리고 그 사람은 지각을 정확히 표현한다.
- 비난 돌리기(assigning blame) : 두 번째 단계는 다른 사람의 탓으로 돌리는 것이다. 사람은 불일치하거나 잘못된 것을 확인하고, 그 상황에 대해 '책임질' 사람 혹은 존재를 찾는다.
- 직면하기(confronting) : 세 번째 단계는 직면하기이다. 그 사람은 책임이 있다고 생각하는 사람 혹은 존재에 직면한다.
- 분쟁(disputing) : 네 번째 단계는 분쟁이다. 그 사람은 동의하지 않는다는 것을 공식화하거나 혹은 실제로 그가 책임이 있다고 생각하는 사람이나 존재에 대해 분쟁에 들어간다.

갈등관리 양식

행동과학자들은 갈등에 대응하는 다양한 양식을 확인하였다. 각 개인은 한 가지 또는 두 가지 양식을 사용하는 경향을 보인다. 개인이 선호하는 양식은 보통 그가 가장 편안하거나 혹은 그 양식이 그 사람의 부모, 상징적 스승, 혹은 자기의 동료집단으로부터 배운 양식일 수 있다. 다른 말로 하면 갈등에 대응하는 행동은 타고난 경향과 삶의 교훈으로부터 나온다는 것이다.

많은 사람은 모든 갈등을 다루는 데 있어서 동일한 갈등관리 양식을 사용하는 경향이 있다는 것을 인식하지 못하고 있다. 만약 이것이 인식되면 선호하는 양식이 효과적인지 여부를 결정할 수 있고, 다른 양식을 찾게 될 수 있다.

개인의 갈등관리 양식은 개인의 의사소통 양식으로 예측할 수 있다. 다음에서 갈등관리 양식을 분류하여 제시한다(Kestner & Ray, 2002).

회피

회피 양식(avoidance style)은 갈등에 직면하기보다는 갈등으로부터 움츠리거나 고의적으로 무시하는 것을 말한다. 갈등을 회피하는 사람들은 비단정적 혹은 비협조적으로 보이기 쉽다. 그들은 자신의 현안문제 혹은 다른 사람의 문제에 냉담한 반응을 보인다. 그들은 갈등이 사라지기를 바라거나 자신이 개입하지 않고 해결되기를 기대한다. 회피형은 현안 문제가 반드시 추구해야 할 만큼 중요하지 않을 때, 혹은 다른 사람이 이미 그 문제에 대해 책임지고 있을 때 동시에 나타난다.

순응

순응적인 사람은 갈등관계에 있는 상대방의 의지에 굴복하기 쉽다. 순응형은 상대를 진정시키고 자신의 개인적 필요보다는 상대방과 평화를 유지하기 위해 상대를 즐겁게 하는 경향이 있다. 이와 같은 사람들은 협조적이며 비단정적 경향을 높게 보인다.

수동

수동적 갈등관리 양식(passive style)은 갈등이 있을 때 절대 잘못이 없는 것처럼 가장하는 것을 특징으로 한다. 이 양식은 다른 사람이 그들의 입장에 정통하고 더 적극적인 경우, 또는 현안 문제가 개인적으로 치명적인 것이 아닌 경우에 유용하다. 예를 들면 이웃과의 불협화음이 무시되는 상황은 그냥 지나갈지 모른다. 하지만 수동형인 사람은 목적의 현안문제에 적절한 해결책이 없을 경우 폭력적인 상태로 갈 압박감을 갖고 있어 폭력은 수동형의 동전의 양면이다.

타협

타협형(compromise style)은 '형세를 관망하는(straddling the fence)' 양식이다. 타협형은 만족할 만한 '현실적 타협(horse trading)' 접근으로서, 각 당사자가 무언가를 얻기 위해 무엇인가를 주고 그 결과에 대해 만족하는 한 행복한 경우이다. 타협은 문제를 회피하지 않으면서 동시에 상대방과 완전한 협조에 이른 약정에 도달하지도 않는다. 어떤 사람들은 타협형이 분쟁을 해결하기 위해서 어느 일방이 상대방에게 묶여 너무 많은 것을 내놓아야 하기 때문에 분쟁 해결방식으로서는 좋지 않다고 생각한다.

공격

공격형(aggression)은 협조적이기보다는 자주 불편한 관계거나 경쟁적인 경우이다. 이 양식은 무엇보다 중요한 것이 이기는 문제라는 점에 자신의 모든 관심이 있다는 메시지를 보내는 경향이 있다. 이 양식은 자주 승패의 권력 투쟁을 일으킨다. 이 양식은 분쟁 당사자를 극단적인 수준까지 양극으로 만들기 쉽다.

단도직입

단도직입형(assertion)인 사람은 자신의 문제와 상대방의 문제를 대등한 입장에서 존중함을 드러낸다. 이와 같은 사람은 자신의 필요에 맞는 욕구를 나타낼 뿐 다른 사람의 손해나 낭비를 원하지 않는다. 이 단도직입형의 사람은 효과적인 협력의 약정을 가능케 한다.

제휴

제휴형(collaboration)인 사람은 모든 당사자의 관심사항을 충족시키려는 욕구가 증거이다. 제휴형인 사람은 자신의 욕구만이 아니라 상대방의 필요까지 동시에 충족하고자 노력하며 단호하고 협조적인 경향을 갖는다. 제휴적 갈등해결 양식은 모든 당사자가 합의에 이르는 해결 가능성을 기대하게 된다.

문제해결형

문제해결형(problem solving)은 협조적이고 협력적인 분위기에서 개별적으로 활동이 이루어지는 경우이다. 그는 상식적인 기본 선을 구하고 단지 자신의 입장보다도 상호 만족할 만한 대안을 추구한다.

우리는 스스로 자신의 갈등해결 양식을 배우는 혜택을 얻을 수 있다. 일부 갈등관리는 자신의 양식을 타인의 양식으로 전환해야 한다. 자신의 양식을 아는 것은 다른 사람의 양식을 이해하는 데 도움을 준다.

자신의 갈등관리 양식 전환

비록 대부분의 사람이 자신이 선호하는 갈등관리 양식을 갖고 있다 하더라도, 우리는 더 적절한 양식을 사용하는 것을 배울 수 있다. 능력 있는 협상가, 조정자, 그리고 다른 분쟁 해결 전문가들은 모든 갈등관리 기법을 사용하는 데 숙련되어 있다. 효과적인 의사소통자는 그 상황을 객관적으로 분석하고 특별한 시간, 특별한 목표를 성취하는 데 가장 도움이 되는 갈등관리 양식이 무엇인지 결정한다. 적용하고자 한 양식을 결정하는 한 요소는 그 분쟁에 개입되어 있는 의사소통 양식이다. 다음은 각 양식의 적절한 상황을 제시한 것이다(Kestner & Ray, 2002).

- 회피형 : 현안문제가 그다지 중요하지 않고, 또한 다른 사람에게 책임이 있으며, 어떤 행동을 하기가 주저될 때 이 양식을 사용하고자 할 것이다.
- 순응형 : 보다 더 공격적인 양식을 유지하는 것이 장기적 관점에서 부정적이라고 볼 때 이 양식을 사용할 수 있다.
- 수동형 : 다른 사람이 그 상황에 더 관심을 나타내고, 현안문제가 여러분에게 치명적인 것이 아닐 때 이 양식을 채택할 수 있다.
- 타협형 : 당사자 간에 갖고 있는 힘이 균등하며 '중간으로 나누는' 것이 (연관된) 모든 당사자에게 유익한 경우에 이 양식을 사용할 것이다.
- 공격형 : 특히 공격형인 사람과의 관계에서, 즉 공격적인 접근방식에 가치를 두고 오직

그것만 알고 있는 사람에게는 가끔 이 공격형이 도움을 주게 된다. 또한 이 양식은 현안 문제가 매우 중요하며 여러분의 빠른 행동이나 결정 혹은 해결이 필요할 때 이용된다.

- 단도직입형 : 대부분의 경우 이 양식은 유용하지만, 메시지를 받는 사람이 그것을 후견이나 겸손의 메시지로 해석하는 경우에는 이 양식이 최선의 선택이 아닐 수 있다.

- 제휴형 : 여러분이 장기적으로 일의 긍정적 결과를 원할 때 이 양식을 사용하길 권한다. 이 양식은 집단 구성원이 어떤 개념이나 가능성 있는 해결책에 '넘어 오게(buy in)' 그리고 그것을 성취하는 계획 개발 단계를 통해 일반적으로 그것을 지지하게 한다.

- 문제해결형 : 이 양식은 갈등관리 양식의 가장 유용한 양식 중 하나이다. 이 양식을 통해 여러분은 문제점 혹은 갈등에 초점을 맞추고 그것을 해결하는 창의적인 대안들을 생성하며, 이 대안들을 공정하게 실험하고, 문제를 해결한다. 그러나 어떤 이유로 여러분은 그 문제가 해결되기보다는 지속되기를 원하는 경우도 가끔 있게 된다. 아마도 집단 전체가 그 문제를 인내하는 것이 생산적인 경우, 아마도 타이밍상 그 문제를 해결하는 것이 수확의 적기가 아닌 경우일 것이다. 때때로 사람들은 여러분이 그들의 문제를 경청해 주고 그것을 확인해 주기까지는 원하지만, 그것을 해결해 주는 것까지는 원하지 않는 경우도 있다.

곤경

곤경의 정의

일반적으로 곤경(impasse)은 분쟁 해결 과정에서 진전이 없고 움직임의 결여되어 있는 것으로 정의된다. 이와 같은 곤경은 해결 과정의 모든 단계에서 나타난다. 어떻든 한 사람에게 곤경의 의미는 다른 사람에게 단지 움직이는 것이 두려운 것일 수 있다. 만일 분쟁 해결 전문가가 곤경을 확인한다면 그는 분쟁 당사자가 동일하게 그 상황을 지각하는지 여부를 체크해야 한다. 만일 한 당사자 혹은 그 이상의 당사자가 진전이 이루어지고 있다고 믿고 있으면 일은 계속되어야 한다.

곤경의 원인

협상이나 조정과 같은 분쟁 해결 과정은 진전이 잘 이루어지는데, 그 과정은 상호 합의 해결을 유도하는 정보의 효과적인 교류가 일어나는 논리적 의사소통 절차들에 근거하여 이루어지기 때문이다. 만약 의사소통의 논리적 흐름이 그 과정의 부분들이 되지 못하면 곤경의 단계에 접어들 수 있다. 예를 들어 변호사가 다루어야 하거나 십중팔구 재판으로 갈 사례를 협상이나 조정의 사례로 부적절하게 보내지거나 부적절한 관계자에게 보내졌을 때 곤경이 발생한다. 당사자들이 진행 과정을 이해하지 못하거나 또는 준비가 되어 있지 못할 경우에도 곤경이 발생할 수 있다. 생리적 혹은 가치갈등이 개입된 정서적 문제나, 서로 상이한 인식이나 고정관념 같은 것들이 곤경의 단계에 접어들게 할 수도 있다. 당사자들은 자주 진행 과정이 그들의 감정에도 불구하고 합리적인 것을 대표한 이익과 함께한다는 점을 가능한 한 인식할 수 있도록 반드시 도움을 받아야 한다.

곤경에 대한 책임

협상이나 조정과 같은 분쟁 해결 과정은 일반적으로 50 대 50 비율의 관점을 보인다. 즉 협상가나 조정자는 그 과정에 대해 50%의 책임을 지고 관리하고, 분쟁 당사자들이 나머지 50%를 관리한다. 하지만 이러한 책임이나 결합 비중이 곤경의 단계에 놓여 깨질 수도 있다.

곤경을 피하는 기법

다음의 분쟁 해결 특정 단계는 곤경을 피하는 논리적 의사소통 절차에 그 기반을 두고 있다. 이 과정을 시작하기 전에 먼저 어떤 과정이 사용되는 것이 적절한지 알기 위해서 (그 분쟁을) 진단해 보는 것이 중요하다. 또한 그 과정에 적절한 관계자(당사자)의 참여를 확인하는 것이 매우 중요하다.

곤경을 극복하는 기법

매우 잘 훈련된 분쟁 해결 전문가는 해결의 기술과 기법 '도구 상자(tool box)'를 갖고 있다. 곤경의 사건에 유용하게 사용되는 몇 가지 기법이 다음에 제시되어 있다.

- 휴식 스케줄 만들기
- 좌석 배치와 방 등을 바꾸기
- 추가적인 회기의 계획 또는 재계획
- 현안문제 재구성하기
- 현안문제 우선순위 재조정하기
- 이전 단계 검토하기
- 당사자에게 상황과 그 가능성을 표출하도록 요구하기
- 당사자에게 곤경 극복의 아이디어 구하기
- 당사자의 문제해결 대안평가를 조언하기
- '만약 ~라면?(What if?)' 방식으로 제안하기
- 당사자에게 협상이나 중재에 대한 논문 읽기와 같은 과제 내기
- 현재 다루어지고 있는 현안 요약하기
- 당사자에게 협상/조정/종결 과정을 완료하는 데 최종 시한을 원하는지 여부 묻기
- 곤경이 발생한 이유와 곤경에 대한 당신의 인식을 당사자에게 진술하기
- 각각의 당사자에게 서로 상대방의 관점에서 상황을 볼 수 있도록 시각 바꾸기
- 외부 전문가의 의견 구하기

만약 곤경이 극복되지 않는 경우 그 상황을 잘 관리할 필요가 있다. 취할 수 있는 첫 단계는 곤경의 관점에 이르도록 한 진행 과정을 확인하고 요약하고 기술하여 문서화하는 것이다. 어떤 현안은 이미 해결되었을 것이고 이러한 것들은 요약 기술하여 문서로 정리해 두어야 한다. 이 기록문서는 당사자 및 협상이나 조정 회기가 요구된 기관 혹은 필요한 경우 변호사에게도 전달되어야 한다.

갈등관리 접근 방법

우리나라에서도 여러 학자와 전문 상담가들이 개인적 갈등과 조직갈등을 해결하기 위한 방법과 프로그램을 개발 및 적용하고 있다. 이러한 구체적인 프로그램을 선택하고 적용하기 전에 기반이 되는 갈등관리 방법을 제시하고자 한다. 여기에 소개하는 방법은 Ortberg(2004)가 제

시한 갈등관리 7단계 방법이다.

1단계 : 갈등을 인정한다

살아 있다는 것은 갈등이 있다는 것을 의미한다. 사람들은 때로는 심하게, 때로는 가볍게, 때로는 건설적으로, 때로는 무모하게, 때로는 정당하게 또는 부당하게 싸움을 한다. 때로 싸움은 포옹과 키스로 이어지며 친밀감이 높아지기도 한다. 그것이 긍정적이든 부정적이든 갈등은 반드시 존재한다. 때때로 사람들은 갈등이 없는 것처럼 위장하기도 하고, 갈등이 적거나 없는 것이 영적으로 성숙한 것처럼 취급한다. 그러나 과연 그런가? 만약 상대가 소심하고 수동적인 성격을 가졌다면 자주 다투지 않을 것이고 갈등이 없는 것처럼 보이기도 한다. 갈등이 드러나지 않는다고 정말 성숙된 인격의 소유자라고 볼 수는 없다. 다만 무관심할 뿐이다.

따라서 먼저 해결되지 않은 갈등이 있음을 정직하게 인정하는 데서 출발해야 한다. 한때는 매우 친밀한 관계였지만 지금은 위기의 순간일 수 있다. 그것이 부부관계일 수도 있고, 부모자녀관계일 수도 있으며, 친구관계일 수도 있다. 그 관계를 회복하려 하지만 쉽지 않다. 갈등은 아주 복잡한 것들이 얽혀 있어서 좋은 의지가 있음에도 그 관계를 해결하는 것이 쉽지 않다. 그러나 관계의 위기를 직시하겠다는 결심으로 시작해야 한다.

2단계 : 책임을 져야 한다

한때 '내 탓이오' 운동이 전개된 적이 있다. 모든 갈등 상황에서 대다수 사람들은 '네 탓이오' 하고 외친다. 그러나 과연 전적으로 그런가? '네 탓이오'라고 외치면 갈등해결은 어려워진다. 다른 사람의 핑계를 대며 잘못 처리된 당신의 분노를 정당화하지 않아야 한다. 모든 일에서 일방이 전적으로 잘한 것도 없고 전적으로 잘못한 것도 없다. 누군가 먼저 손을 내밀면 갈등해결의 실마리를 찾을 수 있다. 이때 '네가 먼저'가 아니라 '내가 먼저' 해 보자.

3단계 : 갈등 중인 사람에게 다가가자

갈등을 겪고 있는 사람은 만나기 싫고 보기 싫은 것이 대다수 사람들의 반응이다. 내가 가면 더 나빠질지도 모른다고 생각한다. 이 생각은 상대도 똑같다.

다른 사람에게 다가갈 때 잘 되지 않을 수도 있다. 할 말을 못하고 말을 더듬거나 버벅거리거나 우물쭈물할 수도 있다. 완벽하게 할 수 있을 때까지 기다리기만 하면 결코 걸음을 뗄 수 없다. 회피하는 것은 공동체를 파괴하고 당신 안에 있는 원한을 곪게 한다.

분노를 인정하지 않는 가정에서 자란 사람은 분노를 하찮게 여긴다. 때때로 그들은 '분노를 가져서는 안 돼, 그건 내가 끔찍한 사람이라는 뜻이야'라는 생각을 키워 간다. 분노할 능력이 있다는 것은 좋은 일이다. 그것은 열정적인 삶을 살 수 있는 능력의 일부이다. 그러나 분노에 관대한 채 살라는 것은 아니다. 분노는 뭔가 잘못되었음을 말해 주고 행동을 촉구하기 위해 존재한다. 분노가 존재하기에 그것을 해결할 필요를 느끼는 것이다. 그래서 분노를 적절하게 해결하는 방법을 배우고 훈련해야 한다.

대부분의 경우 자신의 분노에 대해 다른 사람과 깊은 대화를 나누고 싶지 않을 것이다. 그러나 갈등하고 있는 사람들을 피하지 말고 다가가야만 한다. 그래야 실마리를 찾을 수 있기 때문이다.

4단계 : 제3자는 없다

대부분의 사람들은 갈등을 빚은 사람에게 가까이 가고 싶지 않을 것이다. 가장 피하고 싶은 사람일 것이다. 그보다는 다른 사람에게 가서 말하고 싶을 것이다. 그러나 이렇게 하면 문제는 더욱 심각해진다.

문제가 불거지는 것은 분쟁과 관련해 직접 당사자와 이야기하는 대신 다른 사람에게 찾아갈 때이다. 두 사람이 둘 사이의 갈등을 정직하게 해결하지 않으면 관련자가 세 사람으로 늘어난다. 그래서 더욱 상황이 악화된다. 감정은 떠든다고 완화되거나 제거되지 않는다. 오히려 연습이 되어 슬픔이 반복되고, 흥분이 증가한다. 그래서 갈등이 처음 발생했을 때처럼 당신은 다시 화가 나고, 나아가 분노의 근원에 대해 적대적인 태도를 확고하게 갖게 된다.

갈등과 분노에 대해 떠들어서는 안 된다는 의미가 아니라 갈등을 해결하는 데 도움이 될 만한 건전하고 건강한 사람이 필요한 것이다. 제3자를 끌어들인다면 반드시 화해하기 위한 목적으로 그렇게 해야만 한다. 그게 아니라면 철저하게 당사자들이 대면하고 해결해야 한다.

5단계 : 민감해야 한다

민감성은 가장 중요하면서도 자주 오해를 유발하는 것으로, 건강한 분노 관리의 일부이다. 과거의 심리학적 이론에 의하면, 분노를 다루는 데 있어서 가장 좋은 방법은 분노를 드러내는 것이다. 표현되지 않은 분노는 일종의 내적인 심리 저장소에 쌓이므로, 화가 날 때 반드시 감정을 분출하라는 것이다. 분노는 분출되지 않으면 사라지지도 않는다. 그러나 분노가 표출되는 상황을 사람들은 좋아하지 않는다. 분노는 표출하면 할수록 점점 강화된다. 또한 분노를 표출하는 사람은 좋은 기회지만 그것을 당하는 사람은 화가 난다. 분노를 표출하는 사람은 단기적으로는 원하는 것을 얻겠지만, 그들의 가장 깊은 요구인 친밀함은 놓치게 된다. 갈등의 화근인 분노에 대한 가장 간단한 지침은 당신이 대우받고 싶은 대로 다른 사람에게 접근하라는 것이다. 즉 자신의 분노를 표출했을 때, 분노가 표출되는 상황과 사람들에 대해 민감해야 한다는 것이다.

6단계 : 구체적이고 직접적으로 말한다

갈등 상황에 있는 사람을 대면하게 되면 사람들은 타격을 줄이기 위해 문제를 두루뭉술하게 나열하여 말한다. 사람들은 무례한 행동을 정직하게 규명하는 대신 다른 사람을 의식한다는 느낌이 없다고 애매하게 말하고는 그들이 지레짐작하기를 바란다. 이것은 다른 사람에 대한 사랑 때문이 아니라 갈등과 연루되어 있는 고통이나 두려움을 대면하고 싶지 않기 때문이다. 상대에 대해서 내가 관찰한 대로 말하는 것이 필요하다.

① 당신이 관찰한 것을 정확히 묘사한다.
　"당신, 정말 내 말을 듣지 않는군요."
② 얼마나 상처가 되었는지 설명한다.
　"내가 당신에게 중요하지 않다는 느낌을 받았어요."
③ 결론이 무엇인지 말한다.
　"이것은 내가 원치 않더라도 우리 관계에 문제를 일으킬 수 있어요."
④ 당신이 좋아하는 변화를 요구한다.
　"함께 있을 때 통했으면 좋겠어요."

7단계 : 화해를 목적으로 한다

갈등 상황에서 목표는 이기거나 점수를 따는 것이 아니라 화해를 하는 것이다. 당신의 목적은 관계를 회복하는 것이어야 한다. 화해는 단순하지도 신속하지도 않다. 만약 화해를 목표로 하지 않으면 대부분의 시도는 실패하게 된다. 앞의 6단계를 시도하는 궁극적인 목적은 갈등을 빚은 상대와 화해하고자 하는 것이다. 반드시 화해하겠다는 의지가 없다면 앞의 6단계를 잘 수행했더라도 아무것도 안 한 것과 마찬가지다.

가족갈등의 개념과 요인

가족갈등의 개념

우리 사회의 다양성이 증가하면서 갈등의 양상 역시 매우 다양해지고 있다. 특히 최근에 여러 이유로 외국인과의 결혼이 증가하면서 과거에 경험하지 못한 형태의 갈등이 발생하고 있다. 국제결혼이 급격하게 증가하면서 가족 내의 갈등 역시 다양한 원인에 의해 발생하고 있는 것이다. 전통적인 가족의 갈등과 다른 양상의 특성을 보이고 있는 것이다.

사회의 급격한 다양화는 기존의 우리 사회에 더 많은 다양성이 고려되도록 만들었다. 다양한 문화적 배경을 가진 사람들이 우리 사회의 일원으로 편입되면서 많은 문제가 발생하고 있기 때문이다. 서로 다른 문화적 배경을 가진 사람들이 만나 구성된 가족이 다른 문화와 생활습관 속에서 살고 있음으로 인해 보일 수 있는 여러 문제점을 김갑성(2006)은 네 가지로 정리하였다.

첫째, 문화적 차이로 인해 발생하는 문제로 가족 공동체 내에 이중문화가 존재하여 갈등이 나타나게 되며, 이러한 갈등으로 인해 발생하는 스트레스가 가정 자체를 불안정하게 만들고 있다.

둘째, 언어 소통의 문제로 다문화가족 사이에는 소통이 자유롭지 못하여 감정의 변화를 다 표현할 수 없으며, 상대방을 이해하거나 자기를 이해시키는 데 어려움을 겪고 있다.

셋째, 결혼의 목적이 다름으로 인해 발생하는 가정불화 때문에 이혼이 급증하고 있다. 다문화가족의 부부는 사람으로 만나서 결혼한 경우보다 돈을 매개로 이루어진 상업화된 결혼, 시집과 친지의 비우호적인 환경, 배우자의 정서적 불안정 등이 가정 폭력과 불화로 이어지면서 이혼이 급증하고 있다.

넷째, 자녀교육의 문제로 다문화가족의 자녀들은 부모의 서로 다른 가치관과 생활 풍습 가운데 어떤 것을 따라야 할지 혼란스러워 하고 있다.

이렇게 발생하는 여러 문제는 결국 가족갈등으로 이어지게 되는데, 그렇다면 가족갈등은 어떻게 정의되고 있는가? 갈등의 정의가 다양한 만큼 가족갈등에 대한 정의 역시 매우 다양하다. 먼저 김종숙(1997)은 가족 내에서 한 사람이 다른 한 사람 또는 그 이상의 가족 구성원에게 가치 있는 희소자원의 배분에 대해서 부정적인 반응을 표현할 경우 그러한 말이나 드러난 행동을 가족갈등이라 하였다.

가족갈등의 모델

일반적으로 가족갈등은 네 가지 요소, 즉 개인 내 갈등과 개인 간 갈등, 집단 내 갈등과 집단 간 갈등을 포함하고 있다. 개인 내 갈등은 개인의 내면에 서로 다른 욕구가 존재하여 발생하는 갈등이다. 개인 간 갈등은 1명 이상의 다른 가족 구성원 사이에 발생하는 것이다. 집단 내 갈등은 가족 집단 내에서 발생하는 갈등을 말하고, 집단 간 갈등은 가족과 다른 외부 집단 사이에서 발생하는 갈등을 말한다. 이러한 갈등이 발생하는 현상을 설명하는 모델을 다음에서 제시한다(이소희, 유가효, 도미향 외, 2007).

힘의 균형으로서 갈등

각 개인은 자신의 생각이나 감정, 과거사, 가치, 상황 그리고 의미를 독특하게 혼합한다고 믿고 있고, 이것을 그들 자신의 사회문화적 공간이라 한다. 개인의 사회문화적 공간을 이해할 수도 없고 참을 수도 없고 존경할 수도 없는 타인들과 만남으로써 갈등이 발생한다. 개인이나 개인이 속한 집단은 각자의 차이점을 알고 있으나 양보를 하지 않는 상반된 입장들이 자연스럽게 생기면서 갈등 상황으로 이어질 수 있다. 이러한 갈등 상황에서 갈등을 해결하고자 할 때 개인들은 힘과 균형을 맞추는 과정에 들어간다.

힘의 균형을 유지하려고 노력할 때 개인들은 (1) 강압적으로 힘을 사용하기, (2) 직접 대화나 협상을 통해 당사자 간의 동의에 의해 상호 행동에 변화가 일어나도록 조절하기, (3) 당사자가 조정하거나 대화를 하도록 도와주기 등을 위한 비강압적인 과정 사용하기와 같은 과정들을 사용한다. 개인에 따라 한 가지 방법을 사용하기도 하고 세 가지 모두를 사용하기도 한다.

순환 과정으로서 갈등

하나의 갈등이 생기고 점점 확대되다가 감소하면서 소멸된다. 이 갈등은 또 다른 갈등의 시초가 되거나 결과로 작용한다. 갈등은 어떤 한 시점이나 순환하는 복합적인 시점에서 발생할 수 있다. 처음 발생한 갈등이 소멸되는 것은 해결 과정을 거친 것이 아니기 때문에 개인이나 집단 내부에 내재되어 있다가 어느 순간에 다른 형태로 누적되어 나타난다. 이때 발생하는 갈등은 최초의 갈등보다 더 심각한 수준이 된다. 따라서 최초의 갈등 조짐이 있거나 갈등이 발생하면 즉시 서로의 차이에 대해 마음을 열고 대화하기 시작하여 조정하는 것이 갈등을 악화시키지 않는 방법이다.

사회교환으로서 갈등

이 모델은 경제이론에 기반을 둔 것으로 결과가 기대와 다르거나 한쪽 또는 쌍방 간에 지속적이고 표준화된 상호작용과 평등이 발생하지 않았을 때에 사회집단 내에서 갈등이 발생한다고 보는 것이다. 즉 비용−이득 비율이 기대와 다를 때 부정이나 거부가 발생하고 불평등이 존속하며 과정이나 결과는 공정하지 않다는 개념이다.

그러나 시장경제에서처럼 투자가치가 없다고 판단한 투자자가 시장에서 철수하는 것과 같이 가족관계에서 가족들로부터 분리되는 것은 쉽지 않다. 갈등 상황을 회피하거나 떠나야 함에도 가족관계에서는 그것이 어렵기 때문에 갈등이 상존하게 되고, 결과적으로 갈등이 심화된다.

가족갈등 유발 요인

Dahrendorf는 사회가 있는 곳은 갈등이 있다고 하였다. 이는 사람이 있는 곳에는 항상 갈등이 존재한다는 말이다. 그 갈등이 사람이 있음으로 해서 생겨난 것이기 때문에 그 해결방법도 결국은 사람에게서 찾아야 할 것이다. 갈등을 유발하는 일반적인 요인은 다음과 같다.

첫째, 이기심이다. '이유 없는 무덤은 없다'고 했다. 모든 갈등에는 반드시 이유가 있는데 그 가운데 가장 핵심적인 것이 개개인이 갖고 있는 이기적 욕심이다. 자기만의 행복, 성공, 부를 가지려는 이기심 때문에 원만한 인간관계가 형성되지 못하는 것이다.

둘째, 부정적 시각이다. 모든 사람을 보는 관점이 부정적일 때 갈등이 발생한다. 상대방의 모든 측면에 대해 부정적인 시각을 갖고 있으면 그가 하는 모든 행동이 올바르게 보이지 않게 되고 이것이 부정적이고 거부적인 말을 하도록 만든다. 그래서 서로 간에 미움과 질책이 앞서게 되어 갈등이 유발되는 것이다.

셋째, 축적된 좌절이다. 갈등은 작고 사소한 일들이 쌓여서 발생하는 것이다. 사람들과의 관계에서 큰 문제는 의외로 쉽게 해결되는 경향이 있다. 그러나 사소한 문제는 말하기도 그렇고 하지 않으면 기분이 좋지 않다. 이것들이 해결되지 않고 축적되면 해결의 실마리를 찾을 수 없는 큰 문제로 비화되고 그것이 갈등의 원인이 된다.

넷째, 편견에 의한 판단이다. 인간의 판단은 합리적인 측면도 있지만 비합리적인 측면도 많다. 사람들은 자기의 눈으로 남을 평가한다. 그런데 자기의 눈은 자기를 바로 볼 수 없다. 남들이 자기의 눈이 잘못되었다고 말하면 화부터 내고 큰 소리를 치며 상대를 압도하려고 한다. 이것이 갈등의 원인이 된다.

다섯째, 열등감이나 우월감이다. 열등감은 자기비하를 하게 하고 항상 남과 비교하기 때문에 자기만족을 할 수 없다. 그래서 항상 자기 것을 하찮것없는 것으로 본다. 이에 반해 우월감은 자기를 너무 과신하는 데서 비롯된다. 우월감은 교만을 낳게 되고, 그래서 남을 업신여기게 된다. 이러한 특성들이 무의식에 내재되어 있다가 어떤 기회가 생기면 의식의 세계로 표출되어 적절하고 원만한 인간관계를 형성하는 데 방해를 하게 된다. 이러한 것들이 갈등의 요소가 되는 것이다.

갈등을 유발하는 요인이 무엇이든 결국 가족갈등은 당연한 현상이고, 희소성의 불가피한 산물이라면 가족갈등이 발생하는 요인 또는 가정은 다음과 같다(김종숙, 1997).

① 가정 내에 가치 있는 자원의 수가 많을수록 갈등의 빈도는 커진다. 이것은 가족 구성원의 수가 많고 어른들에 의한 가족 외적 활동이 많을수록 시간과 에너지의 희소성이 커지면

서 가족 구성원 각자에 대한 헌신도가 낮아지기 때문에 갈등이 자주 발생한다.

② 가정 내에 가치 있는 자원의 희소성의 정도가 클수록 갈등의 빈도는 많아진다. 대가족 등과 같은 가족 외적 활동은 많은 종류의 가치 있는 자원의 희소성을 창출할 뿐만 아니라 희소성의 정도도 커지도록 한다. 그리고 심각한 재정적 어려움을 겪고 있는 가족은 가족 크기나 외부 활동에 관계없이 보다 빈번한 갈등을 경험하게 된다.

③ 가족 구성원에게 그들보다 더 많은 양의 가치 있는 희소자원을 받는 동료 집단이 있을수록 그들 자신의 자원의 실질적인 수준과는 관계없이 가족갈등의 빈도가 높아진다. 자기 친구나 이웃이 자기보다 부유한 가족 구성원일 경우 자기와 비슷한 수준의 친구나 이웃을 가진 가족 구성원보다 더 많은 갈등을 겪게 된다.

④ 가족 구성원이 가치 있는 희소자원의 분배를 관할하는 법칙이 공정하다고 인정하지 않을수록 갈등의 빈도는 높아진다. 성장한 자녀를 둔 가정에서는 의사결정을 하는 과정에서 이들 자녀의 목소리를 반영하지 않는 경우에 더 빈번한 갈등이 발생할 수 있다.

⑤ 같은 가족 구성원 속에서 가치 있는 희소자원의 분배를 관할하는 규칙이 지속적으로 불공정하다고 느껴질 때 보다 높은 강도의 갈등이 일어난다. 예를 들어 부모가 사망한 후 상속 문제를 둘러싼 형제간의 갈등은 일순간이 아니라 장기화되어 온 갈등이며, 법정문제로까지 비화하는 경우가 그 갈등의 강도를 충분히 말해 준다. 성장 과정에서 자원의 분배를 둘러싼 갈등이 지속적으로 장기화됨으로써 강도 높은 갈등으로 드러난 경우이다.

⑥ 가족 구성원의 가족 외적 활동이 많을수록 갈등의 강도는 낮다. 맞벌이 부부에게 있어서 직업 활동은 가족갈등의 강도를 낮추는 완충제 역할을 하며, 가족 구성원의 다양한 취미 활동도 가족갈등의 강도를 낮추는 역할을 한다.

⑦ 한 가족 구성원에 대한 박탈 상태가 많을수록 갈등의 강도는 높아진다. 갈등은 개인적 이익보다 더 넓은 이슈와 관여된 듯한 이념적 색깔을 띠고 있을 때 보다 강도가 높아진다. 예를 들어 현대 여성들은 남편과의 갈등을 페미니스트적 평등의 원리에 의해 인식함으로써 구체적인 갈등을 보다 큰 원리의 한 예로 끌어올리게 된다.

⑧ 가족 구성원이 갈등을 보다 넓은 이념적 용어로 정의할 때 갈등의 강도가 커진다. 갈등의 목적이나 목표가 분명하고 현실적이면 타협이 가능하지만 목적이나 목표가 불분명하고 비현실적이면 타협과 조정이 불가능해진다. 예를 들어 가족갈등에서 물질적 자원의 분배로 인한 갈등은 타협의 여지가 있지만 시간, 관심, 헌신 등과 같은 애매모호한 자원의

분배로 인한 갈등은 보다 강력하고 폭력적으로 진행된다. 또한 분배 법칙 때문에 일어난 갈등은 자원의 분배 그 자체로 인한 갈등보다 더 폭력적으로 되는 경향이 있다.

⑨ 근원에 관계없이 상위 가족 구성원이 자신의 지위가 위협받는다고 느낄 때 하위 가족 구성원에게 폭력을 사용하기 쉽다. 말대꾸하는 아내, 부모의 권위에 도전하는 자녀들에 대한 폭력이 그것이다.

⑩ 하위 가족 구성원이 상위 가족 구성원에 대해 폭력을 사용하는 경우는 아랫사람이 현재의 분배 법칙을 변화시키기 위해 어떤 효과적인 방법도 사용할 수 없는 견고한 가족 권위 체계가 존재할 때이다. 민주적인 가정에서보다는 권위적인 가족체계 내에서 하위 가족 구성원에 의한 폭력이 문제해결 방법으로 사용되는 것이 그 예이다.

⑪ 가족 내에서 보다 큰 권력 자원을 가진 가족 구성원은 가치 있는 희소자원의 분배에 있어서 다른 구성원보다 갈등 상황을 더 잘 극복할 수 있다. 만약 갈등 상황에서 타협에 의해 갈등을 해결하게 된다면 가족 내의 보다 가치 있는 자원을 가진 자가 베푸는 여유는 문제를 잘 해결할 수 있는 원동력이 될 수 있다.

⑫ 가족 내에서 자원 분배의 법칙에 관한 극적인 변화는 한 가지 혹은 그 이상의 다음 상황에서 갈등이 있을 때만 일어난다ㅡ(1) 분배법칙이 특정 가족 구성원을 되풀이해서 불리하게 할 때, (2) 가족 외적 활동이 미미할 때, (3) 가족 내의 지위 박탈이 과도하게 이루어질 때, (4) 갈등이 이데올로기적 의미로 규정될 때, (5) 갈등이 분명하고 현실적인 목적을 지향하지 않을 때, (6) 가족 권위(의사결정) 체계가 견고할 때 등.

위와 같은 가족갈등의 요인들로 거의 모든 갈등 상황을 설명할 수 있겠지만, 사회의 변화와 함께 개개인의 가치관과 신념의 다양성도 증가하고 있다. 이러한 다양성의 증가가 결국은 가족의 갈등 양상도 매우 복잡하게 만들고 있다. 이러한 가족갈등 가운데 중요한 1차 갈등 상황이 부부갈등일 것이다.

부부갈등

부부갈등은 결혼 생활에서 필연적으로 발생하는 현상이기 때문에 부부는 다양한 형태의 갈등을 겪게 된다. 현대 부부관계는 '동반자' 또는 '친구관계'라는 의식이 증가하면서 부부지만 개인적인 프라이버시가 중요하게 취급되고 있다. 따라서 부부의 역할도 매우 유동적으로 변화하고 있다. 이러한 변화들은 아직은 과도기에 있기 때문에 많은 부부들이 적절한 역할모델과 기능을 찾지 못하고 혼란스러운 상태에 있기도 하다. 이러한 결과로 가치관의 충돌, 부부 상호 간의 역할과 기대의 차이, 대화시간과 기술의 부족, 여성들의 의식 변화와 사회 참여 증가에 따라 부부간의 갈등은 더욱 심각해질 수 있다(김근임, 2007). 현대의 가족은 그 구성 형태가 더욱 다양하기 때문에 여러 가지 갈등 유발 요인으로 인하여 위기가 증가할 가능성이 많아지고 있다. 특히 우리나라의 사회적 상황으로 인해 국제결혼 가정이 증가하면서 이들 부부의 갈등은 내국인 부부의 갈등과는 그 양상이 매우 다르다. 따라서 보다 적극적인 부부갈등 해소 전략이 요구되는 시점이기도 하다.

부부갈등은 부부의 상호작용의 한 측면으로 볼 수 있다. 부부간의 여러 상호작용 측면 가운데 부부관계의 친밀성과 관련된 것과 결혼생활과 가족생활의 여러 요구에 적응할 수 있는 능력과 관련된 것이 중요한 상호작용 측면이다. 부부관계가 발전적이 되기 위해서는 상호 애정적 교류가 원만하게 이루어져야 하고 자녀양육, 가족 구성원의 건강, 친인척 관계 등 다양한 가족생활의 운영능력이 향상되어야 하며, 사회와 가족의 변화에 따라 발생할 수 있는 다양한 요청에 적응할 수 있는 능력도 필요하다. 이러한 다양한 상호작용 과정에서 부부가 적응력을 갖지 못하면 부부관계는 갈등관계로 진전될 수 있다. 따라서 부부갈등은 불안정한 상호작용의 한 양식으로 간주할 수 있다(이창숙, 1998).

부부갈등은 갈등이론적, 기능주의적, 가족관계적 측면에서 정의할 수 있는데(김오남, 2006), 갈등이론 측면에서 부부갈등이란 희소자원, 경쟁적 수단, 양립 불가능한 목적 또는 이러한 것들이 결합한 것에 대한 개인, 집단 간의 적대감이라는 것이다(Sprey, 1971). 즉 부부갈등은 이익이 상충되는 부부가 서로 각자의 자기이익을 추구하는 쟁취의 과정으로 이해할 수 있다.

기능주의적 측면에서 부부갈등이란 제도화된 사회조직의 역동성과 융통성을 유지하는 것으로 보며, 사회체계의 계속적인 적응과 통합을 촉진할 수 있는 하나의 과정이라 정의할 수 있는 데(Coser, 1964), 가족체계 또는 사회체계의 기능을 유지, 통합시키는 긍정적 기능에 초점을 두고 있다. 그러나 이 관점은 부부갈등에 대해서는 체계적인 이해가 부족한 한계가 있다.

가족관계적 측면에서 부부갈등은 부부간의 심리적 측면에 강조를 두면서 개인 심리상태의 평형을 유지하기 위한 내적 욕구충돌이라는 설명을 대인 간의 상호작용으로 확대한 것이다. 즉 '부부 중 자신의 욕구가 상대방과 상충된다고 생각하는 과정'으로 이러한 갈등의 과정은 매우 복잡하다. Coleman(1984)은 부부갈등을 부부간에 상충되는 욕구, 목표, 기대의 불일치로 정의하였다. 국내의 부부갈등 연구자들은 대부분 가족관계적 측면에서 부부갈등을 보고 연구하였다.

이상의 여러 측면을 고려하여 김오남(2006)은 부부갈등이란 가정생활 중에 배우자와의 사이에 상충되는 욕구, 목표, 기대의 불일치로 인한 긴장으로 정의하였다. 갈등은 개인 내적으로 혹은 개인 간의 욕구의 상충에 의해 끊임없이 발생하며 부부는 성장 배경과 개인적 특성 등이 다르기 때문에 자연적으로 갈등 상황에 놓이게 되며, 장기적인 결혼기간, 현실적인 생활조건, 복합적인 인간관계, 환경적 변화 등 부부를 둘러싼 많은 상황이 갈등해결을 어렵게 하는 요인이 되기도 하며, 문화적 배경의 동질성도 끊임없는 자기계발과 상호작용 없이는 권태에 의한 갈등을 유발할 수 있다.

이러한 부부갈등은 다양한 영역에서 발생하고 있는데, 김오남(2006)은 국내 여러 연구의 결과를 네 가지 영역으로 정리하여 제시하였다. 개인적 갈등영역, 부부관계적 갈등영역, 공동생활 갈등영역, 제3자 갈등영역이 그것이다. 개인적 갈등영역은 배우자의 성격이나 생활습관, 사고방식, 성격의 불일치로 발생하는 영역이다. 부부관계적 갈등영역은 부부간 의사소통, 애정, 성, 배우자의 부정으로 인하여 발생하는 갈등영역이다. 공동생활 갈등영역은 부부가 공동의 생활을 영위함에 있어서 주거, 주택계획, 금전관리, 소비, 여가생활, 가사노동 분담에서의 불일치로 발생하는 영역이다. 마지막으로 제3자 갈등영역은 부부 두 사람 이외의 관계들로 인해 발생하는 갈등으로 자녀훈육, 교육, 친인척, 직장이나 사회 활동에서 발생하는 영역을 말한다.

우리나라 부부갈등에 대한 여러 연구를 종합하여 갈등영역과 갈등대처 방법을 살펴보면 첫째, 부부갈등의 주요 원인은 자녀 문제, 금전 문제, 가사관리 문제에서 부부간의 사회심리적 요인인 의사소통, 애정, 성, 가치관, 친밀감 부족 등의 영역으로 변화하고 있다. 이것은 부부갈등에 대해 사회심리적인 접근을 해야 함을 시사한다. 둘째, 부부갈등이 발생했을 때 수동적 회피, 억압, 언쟁, 감정 표출 등으로 갈등에 대처하고 있는데, 이는 갈등을 건전하고 적절한 방법으로 해결하지 못하고 있음을 보여 주는 것이다.

다문화가족 갈등 요인

다문화가족 갈등에 대한 연구는 최근에 관심이 증가하고 있으며 교육학, 사회복지학, 사회학, 사회심리학, 여성학 등 다양한 학문 영역에서 이루어지고 있다. 이 가운데 사회복지학 분야에서 가장 많은 연구가 이루어지고 있는데, 여기서 얻어진 다문화가족의 부부갈등 문제는 사회 구조적인 경제 문제, 언어적 의사소통 문제, 사고방식 차이, 남편의 폭력, 시부모와의 갈등 등이 주요 문제로 나타나고 있다. 특히 문화적 차이로 인한 부부갈등이 그 근저에 있음을 알 수 있다.

외국인 여성을 배우자로 받아들인 가정은 문화의 차이와 다양성으로 인해 한국인 부부 가정보다 더 많은 갈등 요인을 갖고 있으며, 적절한 갈등해결 방법을 찾지 못해 어려움이 가중되고 있는 것으로 보인다(김이선 외, 2006; 김오남, 2005; 이혜경, 2005; 한건수, 2006). 특히 결혼에 어려움을 겪고 있는 농어촌이나 도시 저소득층 남성의 경우는 경제력이 약한 아시아 지역 여성과의 결혼으로 인한 경제적 어려움 또한 갈등의 중요한 요인이다. 문화적·경제적 요인에 의한 다문화가족의 갈등 양상은 다양한 형태로 나타나고 있고, 이것은 자녀 교육의 문제로 이어지고 있는 현실이다. 장기적인 측면에서 다문화가족의 갈등은 사회적 갈등 또는 사회적 문제로 진전될 수 있는 요인이다. 다문화가족에서 발생하는 갈등의 요인는 다음과 같다(김오남, 2006; 박경동, 2007; 박정숙, 박옥임, 김진희, 2007; 장은정, 2007).

경제적 갈등 요인

외국인 여성의 결혼은 자신이나 자기 가족의 경제적 조건 때문에 선택하는 경우가 많다. 즉 자신의 결혼을 통해 자신과 자기 가족의 경제적 어려움을 극복하고자 하는 목적이 있을 수 있다. 그러나 한국인 남성의 경제적 여건이 그것을 충족하지 못하는 경우가 많다. 한국 남성의 경우는 농어촌 지역 출신이거나 도시 저소득층이 많아서 여성이 생각한 경제력을 갖추지 못하고 어려움을 당하거나 자신이 한국에서 경제 활동을 할 수 있는 가능성도 희박하여 갈등 유발의 커다란 원인이 되고 있다. 이것은 계층 상승에 대한 욕구와 그것의 좌절이라는 현상, 외국 여성의 송금을 둘러싼 갈등으로 나타난다. 이 요인은 한국인 부부 가정의 갈등 유발에도 크게 작용하고 있다.

언어 차이

다문화가족에서 공통적으로 직면하고 있는 것은 언어적 차이에 의해 발생되는 의사소통의 문제이다. 배우자가 사용하는 언어를 구사할 수 없다는 것은 많은 오해와 불신을 유발하게 되고 이것이 갈등의 원인이 된다. 외국인 여성의 한국어 구사 능력도 중요하지만 한국 남성의 외국어 구사 능력도 매우 중요하게 강조되어야 한다. 각자가 가진 가치관, 신념, 생활 태도, 생각 등은 언어로 표현되고 전달되는데, 이러한 것들이 원활하게 전달되지 못하면 서로를 이해하는 데 장애물이 된다.

가치관의 차이

가치관이란 인간이 자신과 타인, 세상과 그 속에 포함된 사상(事象)에 대해 갖는 평가적인 태도를 말하는데, 이것은 자신이 성장한 사회와 문화의 특성을 고스란히 반영하여 형성된다. 역사와 문화가 다른 국가에서 성장한 외국인 여성의 인간과 삶에 대한 가치관은 한국 여성이 가진 그것과는 차이가 있다. 한국 여성에게 기대되는 가치관을 외국인 여성에게 기대하거나 강요하는 것은 갈등 유발의 중요한 요인이다.

연령의 차이

동일한 문화와 역사를 가졌더라도 연령의 차이가 크면 생활양식과 가치관 등에서 차이를 보인다. 부부의 지나친 연령 차이는 생활양식, 관계성, 가치관 등에서도 큰 차이가 생기는데, 이것이 갈등의 원인이 되는 것이다. 우리나라 결혼 이주여성의 연령이 배우자의 연령보다 지나치게 어리다는 것이 문제가 될 수 있다. 이것은 이주여성의 미래에 대한 불안감을 유발하는 요소로 작용한다.

일상 문화의 차이

일상생활에서 외국인 여성이 겪는 첫 번째 어려움은 식생활과 주거문화이다. 음식의 재료와 맛 등의 차이가 클 뿐만 아니라 음식의 종류와 양이 많다는 것에도 혼란을 느낀다. 또한 다양한 음식을 직접 준비해야 하고 그것이 자신에게 요구되는 중요한 역할이자 의무라는 측면에서 어려움을 느끼는 것이다. 식습관의 차이도 심각한 문제가 된다. 여유를 갖고 대화를 즐기면서 식사를 하는 동남아시아에 비해 말없이 빠른 시간 내에 식사를 마치고 뒤처리도 빨리 할 것을 요구하는 문화는 이해하기 힘든 상황이다. 또한 식사 후 남은 것을 다시 먹고, 음식을 소리 내어 씹는 등의 행태도 당황스러운 경험이 된다. 온돌에서 자야 하는 주거문화는 동남아시아 지역 출신의 여성에게는 고통스러운 상황이며, 매일 목욕을 하는 여성들은 농촌의 주거 환경과 한국인의 목욕 습관에 대해 민족적 선입견을 가질 수 있다.

가족 및 친족, 친구관계의 차이

외국인 여성이 가장 많은 갈등과 적응 문제를 나타내는 것이 가족 및 친족, 친구관계이다. 가족관계에서 가족의 구성, 친정 및 시댁과의 관계, 가족 내 여성의 권한과 역할, 시부모를 비롯한 시댁 식구의 며느리에 대한 태도 등에 관한 것이다.

예를 들어 부부 중심의 양면적 가족관계를 가진 베트남, 태국, 필리핀 등 동남아시아 여성들은 부계 확대가족의 원리와 그것에 대한 가족관계, 자신에게 부여되는 역할 기대 등을 이해하는 것이 매우 어려운 문제이다.

또한 친구관계에서 매우 심한 혼란을 느끼고 있는데, 우리나라의 문화에서 남성의 절친한 친구는 가족과 비슷한 유대감을 갖고 있다. 이러한 유대감이 가정의 일상사에 깊게 개입하게 되는데, 이러한 상황은 외국인 여성의 경우에는 사생활 침해가 되며, 어떤 경우에는 범죄 행위로까지 취급하고 있다. 지나치게 가까운 유대감의 표현이 외국 여성의 입장에서는 갈등 유발의 중요 요인이 되기도 한다.

역할기대의 불일치

역할기대의 불일치는 주로 성역할에 대한 기대 차이로 인해 발생하며, 특히 남편 역할에 대한 기대가 충족되지 못한 것에서 비롯된 갈등과 아내 역할에 대한 기대의 불일치가 갈등의 주요 원인이 된다.

모든 국가 출신의 여성들이 공통적으로 지적하는 문화적 차이는 부부간 역할 규정과 가사 분담에 관한 것이다. 여성이라는 이유로, 부인이라는 이유로 요구되는 역할이나 제약되는 활동이 이제까지 자연스럽게 받아들였던 질서와는 다르다는 것을 결혼 후 알게 된다. 남편의 반복적인 행동과 말, 시어머니나 시댁 식구의 명시적 요구 또는 암시적 태도, 주변 한국 여성의 모습, 다른 이주 여성들과의 대화 등을 통해 분명히 알게 되는 것이다.

대다수 외국 여성들은 비교적 자유로운 경제 활동과 사회 활동을 하는 여성의 모습을 당연하게 여긴다. 또한 가사와 육아, 자녀교육 등 부부 공동의 활동을 당연한 것으로 여긴다. 특히 부부 모두가 경제 활동을 하는 경우 음식 준비부터 비교적 자유로우며 육아 등 가사 분담도 부부 공동으로 하는 경향이 두드러진다. 그러나 한국의 남편이나 시어머니는 여성들은 집안에만 있는 것을 당연하게 여기고 육아를 비롯한 집안의 가사 활동을 전적으로 여성의 책임으로 돌리고 있다.

이처럼 생활 경험과 남편의 태도 등을 통해 외국인 여성들은 여성과 남성, 부인과 남편의 역할 분담과 활동 반경의 균형성에 차이가 있음을 알게 된다. 이와 동시에 남성과 여성, 부부간의 위상이 상당한 차이가 있으며, 같은 사안에 대해서도 성에 따라 상이한 가치 평가를 내리는 한국의 성 구조의 특수성을 알게 된다. 특히 자신의 의견과 생각을 표현하는 데 대해 '여자는 고집이 세면 안 된다', '며느리 기세는 꺾어야 한다', '남자는 하늘이다'를 반복하는 시어머니의 태도는 매우 충격적이다.

사회적 편견

한국 사회는 타 문화를 수용할 수 있는 역사적 경험이 부족하고 순혈주의를 지나치게 강조하는 특성 때문에 외국인 여성에 대한 편견과 차별이 지나친 경향이 있다. 이러한 과장된 모습에는 그들을 비정상적 가족 등 사회 문제의 원천으로 보는 시각, 불쌍하다거나 불행한 삶을 살고 있다고 보는 시각, 위장 결혼자가 대부분이라는 시각, 돈 때문에 팔려온 사람이라는 시각, 돈 벌이를 위해 정상적인 결혼을 할 의사가 없으면서 온 것으로 생각하는 등 선입관이 혼재되어 편견적 시선으로 보는 데 영향을 주고 있다. 이러한 사회적 편견이 외국인 여성의 적응과 정착을 어렵게 하고 이것이 갈등을 유발하는 요인이 된다.

이상화된 타자

타자는 일반적으로 열등한 인종적 정체성과 성적 도착의 형태로 나타난다. 하지만 동시에 타자는 우리 집단에 없는 특성들이 이상화된 존재로 투사되기도 한다. 예를 들어 오리엔탈리즘은 동양을 신비로운 곳으로 타자화한다. 이러한 이상화된 타자로서의 외국인 여성은 한국 여성보다 나은 자질을 갖춘 존재가 될 것을 기대받게 되고, 그 기대가 충족되지 않을 때 타자로서 배척된다. 그래서 남편들은 화를 내거나 실망하게 된다. 특히 한국 남성에게 이상화된 타자는 한국 사회의 가부장적 가족 유지를 위해 자신을 헌신하는 이미지이다.

04
갈등관리와 의사소통

가족갈등, 특히 부부갈등의 요인은 다양하지만 그 가운데 의사소통이 대다수의 연구에서 공통적인 요소로 나타나고 있다. 이것은 내국인 부부간 갈등뿐만 아니라 다문화가족의 갈등에서도 공통적으로 나타나는 요인이다(김오남, 2007; 박경동, 2007; 서병숙, 1992; 송말희, 1990; 장하경, 이창숙, 1998;). 이러한 의사소통은 부부간의 관계뿐만 아니라 모든 인간관계에서 가장 중요한 요소이기도 하다.

　사람들은 자신에게 가장 편안한 의사소통 양식(communication style)이 있다. 그들은 대부분 자신의 의사소통 양식에 대해 자각하지 않고 자신의 가장 자연스러운 양식을 사용하고 있다. 이러한 의사소통 양식은 사람들의 성격, 배움, 경험을 통해 발전된다. 대다수 사람의 의사소통 양식은 그들의 사고방식 및 갈등관리 양식과 연관되어 있다.

의사소통 양식

의사소통 양식은 다음과 같이 범주화된다.

회피형(avoidance)

사람들이 이 양식의 의사소통을 취하게 되는 이유는 그들이 다양한 이유로 상대방(receiver)을 불쾌하게 또는 화나게 만들기가 두렵기 때문이다. 종종 회피 때문에 갈등이 시작된다. 어떤 문제는 그냥 두거나 무시하면 사라질 수도 있겠지만, 어떤 문제는 격한 감정이 발생하기 때문에 더 확대될 수 있으며 폭력이 사용되는 단계까지 갈 수 있다.

순응형(accommodation)

이 양식의 의사소통은 자신(communicator)이 원하거나 필요한 것을 상대방을 고려하여 희생한다. 어떤 경우 이러한 의사소통 양식이 유용할 때가 있지만, 이슈의 중요성에 따라 순응하기보다는 더욱 강력하게 대응할 수 있는 양식이 필요하다.

수동형(passivity)

사람들이 이 양식의 의사소통을 취하게 되는 이유는 그들이 다양한 이유로 상대방(receiver)을 불쾌하게 또는 화나게 만드는 것을 두려워하기 때문이다. 대부분 그들은 쟁점이 되는 활동을 전혀 시도하지 않거나 응답을 하지 않기 때문에 갈등이 시작된다. 어떤 문제는 그냥 두거나 무시하면 사라질 수도 있겠지만 어떤 문제들은 격한 감정이 발생되기 때문에 더 확대될 수 있으며 폭력을 행사하는 단계까지 갈 수 있다.

타협형(compromise)

타협을 하는 사람들은 무언가 자신의 것을 상대방에게 양보한다. 이런 행동은 평화를 얻는 데 유용하지만 미래에 다시 해결해야 할 문제를 만들 수 있다. 타협을 하는 사람들은 대부분 그들이 필요한 부분을 해결하지 못했다거나 또는 자신이 위선적인 행동을 했다는 이유로 결과에 대해 만족하지 못한다. 이런 이유로 타협을 하는 행위를 부정적으로 인식하기도 하지만 꼭 그렇지만은 않다.

공격형(aggression)

공격적 의사소통 양식을 가진 사람은 상대방(receiver)에게 자신의(communicator) 입장을 유지하는 것이 상대방과의 좋은 인간관계 또는 상호 동의할 수 있는 해결책을 마련하는 것보다 더 중요하다는 인상을 줄 수 있다. 이와 같은 양식은 대부분 상대방을 방어적인 상태로 만든다. 이것 때문에 분쟁이 곤경에 빠지기도 한다. 또한 상대방을 순응하는 방향으로 변하게 할 수 있는 반면, 공격적인 의사소통 양식으로 이끌 수도 있다. 이 양식의 절정은 개인 간의 폭력 또는 전쟁과 같은 결과이다. 장기적 해결책은 이런 양식을 사용하지 않는 것이다.

주장형(assertion)

이 양식에는 자신의 견고한 목적과 상대방의 입장을 들어 주고 해결책을 찾을 의향이 내포되어 있기 때문에, 대부분 이 양식의 의사소통은 잘 받아들여진다. 자기주장이 강한 사람은 자신과 상대방이 원하고 필요한 부분을 명확하게 설명한다. 이 양식은 중립적인 의사소통 양식으로서 협박을 사용하지 않는다. 자기주장이 강한 사람은 제휴(collaborate)를 할 수도 있고 안 할 경우도 있지만, 공격적 양식을 사용하지 않고 자기 신념을 확고하게 지킬 수 있다.

제휴형(collaborative)

이 양식은 믿음을 격려하기 때문에 문제를 해결하는 데 유용한 가능성을 지니고 있다. 이 양식은 협력할 의지를 은연중에 나타내며, 상대방(receiver)으로 하여금 창조적이고 융통성 있게 행동할 수 있도록 유도한다. 제휴형은 서로 견해가 일치할 수 있도록 노력해야 한다.

융통형(flexible)

이 의사소통 양식은 앞의 모든 의사소통 양식이 다 포함되어 있다. 어떤 경우에는 복합적 의사소통 양식을 사용하는 것이 가장 효과적이다. 예를 들어 수동적(passive)이고 순응하는(accommodating), 그러면서도 주장적(assertive)이며 협력적인(collaborative) 것들을 함께 사용할 수 있다.

이 외에도 의사소통 양식에 관한 다른 관점이 있다. 어떤 사람은 의사소통을 할 때 긍정적인 방식으로 하며, 어떤 사람은 부정적인 방식으로 의사소통을 한다. 예를 들어 어떤 사람은 상대방이 무엇을 요구하면 퉁명스럽게 안 된다고 답변을 한다. 그들 중 몇 명은 진심으로 말한 것이고 다른 몇 명은 얼마 지나지 않아 상대방이 요구했던 것을 들어준다. 그들의 양식은 안 된다고 말을 하면서 자신의 힘을 주장하지만 대부분 상대방의 요구대로 행동한다. '아니요'라고 부정하는 사람(naysayers)들을 알아보고, 그들을 잘 다룰 수 있는 것이 중요하다.

너무 과하지 않고 도를 지나치지 않는다면, 예를 들어 수다스럽지만 않다면 긍정적인 의사소통 양식을 가진 사람들은 대부분 쉽게 함께 지낼 수 있다. 하지만 긍정적인 의사소통 양식이라고 해서 꼭 협력적이거나 또는 갈등을 해결하기를 열심히 원하는 것은 아니다. 이런 양식의 사람(communicator)을 알아보고 다룰 수 있는 것도 필요한 능력이다.

의사소통 양식을 이해하는 데 있어 자신과 상대방의 의사소통 양식을 인지하고 있는 것이 중요하다. 지혜로운 사람은 우리는 대우주의 소우주라고 주장한다. 만약 우리가 자기 자신을 이해하고 있다면 다른 사람을 이해할 수 있다. 자신의 의사소통 양식을 인지하므로 우리는 더욱 실력 있는 협상가(negotiators), 조정자(mediators), 중재인(arbitrators), 갈등관리자(conflict management communicators)가 될 수 있다.

자신의 의사소통 양식 조정

갈등 양식과 마찬가지로 능력 있는 협상가(negotiator), 조정자(mediator) 또는 갈등해결자(dispute resolver)는 다양한 의사소통 양식을 노련하게 사용할 수 있어야 한다. 의사소통 이면에는 상대방에게 영향을 주고 싶다는 욕구가 포함되어 있다. 능숙한 전달자(communicator)는 뒤로 물러서서(step back) 상황을 검토하고, 현 상황에서 목표를 달성하기 위해 가장 효과적인 의사소통 양식이 무엇인지 결정한다. 그들은 다음과 같은 내용을 안다.

- 훌륭한 전달자(communicator/senders)는 그들이 좋아하는 의사소통 양식이 있더라도 다른 양식으로 능숙하게 변경할 수 있다. 효과적인 갈등관리자는 설득할 또는 같이 일할 상대에 따라 가장 효과적인 양식으로 스스로를 조정한다. 예를 들어 제휴형은 상대방을 어떤 개념 또는 가능성 있는 해결책을 받아들일 수 있도록 설득하는 데 도움이 될 수 있다. 수동형은 다루고 있는 주제가 중요하지 않을 경우 힘을 아껴 나중에 나올 중요 이슈들에 더 집중할 수 있도록 이용할 경우 효과적일 수 있다.
- 각자 동등한 힘이 있을 경우 또는 반반씩 분배하는 것이 당사자들에게 이득이라고 생각될 경우, 상대방(receiver)은 타협형 의사소통 양식을 취할 수 있다. 다루고 있는 주제가

다른 사람들이 활발하게 다루고 있고 상대방에게 그렇게 중요하지 않을 경우 수동형 대화 양식을 취할 수 있다. 또한 이슈가 중요하지 않거나 다른 사람이 그 문제에 대한 책임을 질 경우 회피형 커뮤니케이션 양식을 취할 수 있다.

- 훌륭한 전달자(sender)는 상대방의 말을 잘 들을(listen) 수 있어야 하며 대화를 할 때는 상대방이 사용하는 언어(language)(다른 나라의 언어 또는 전문어 또는 은어)를 사용하는 것이 좋다. 사람들은 자신이 사용하는 언어로 표현되는 것에 더 협력적이다.

의사소통의 개요

의사소통에는 전달자(sender), 수신자(receiver), 내용(message) 그리고 이해(understanding)라는 네 가지 요소가 있다. 전달자가 수신자에게 내용을 전달했을 때 수신자가 그 내용을 이해했다면 효과적인 의사소통이 이루어진 것이다. 효과적인 의사소통이 이루어지기 위해서는 적극적 경청하기가 1차적인 기술이 된다.

경청하기

의사소통의 가장 중요한 능력이 경청하기(listening)이다. 이것은 아무리 강조를 해도 부족하다. 연구에 따르면 대부분의 사람들은 25% 정도의 효율로 듣는다고 한다. 이것은 대다수 사람들은 분당 500단어를 생각하는 반면 말을 하는 속도는 분당 275단어 정도이기 때문이다. 이것은 경청자가 듣고 생각하는 사이에 남는 시간이 존재한다는 것을 의미한다. 이 남는 시간은 대부분 주제와 상관없는 정보 또는 자신(receiver)이 다음에 무슨 말을 할 것인지 생각하는 것으로 채워진다. 이것은 듣는 사람(receiver)의 듣는 행동에 방해를 준다. 경청하기를 더 효율적으로 하려면 사람들은 듣는 것에만 집중을 해야 하며 미리 결론을 내리거나 주제와 다른 내용을 생각하는 행동을 삼가야 한다.

주의를 산만하게 하는 환경은 효율적인 듣기에 방해가 된다. 여러 가지 일이 주변에 일어나고 있어서(예를 들어 아이가 울고 있거나, 다른 사람이 대화중이거나, 실내 온도가 불편할 수도 있다) 듣는 사람을 방해할 수 있다. 이러한 이유로 듣기를 효율적으로 하려면 가능한 한 산만한(distraction) 환경을 최소화해야 한다.

자신의 말이 제대로 전달되었다는 느낌은 사람들에게 매우 중요하다. 연구 결과에 의하면 우리가 다른 사람들의 이야기를 들어 주면 그들의 혈압이 내려간다. 어떤 경우, 사람들은 이기는 것보다 다른 사람이 자신의 이야기에 귀를 기울여 주는 것을 더 중요하게 여긴다. 법률적 문제는 법적 과정을 통해 해결이 가능하겠지만 그 문제로 인해 그 사람이 정말 치유되기 위해서는 전달하고자 하는 부분이 진실로 전달되었다고 느껴야 한다.

여러 전문가들은 답을 빨리 알고 싶어 하는 습관이 있다. 이것 때문에 전체 상황 또는 이슈에 대한 설명을 듣는 것을 게을리할 때가 많다. 예를 들어 어떤 변호사는 편협한 시각으로 듣기를 하여 맞는 답을 찾는 데만 집중하여 의뢰인을 좌절시킨다. 사람들은 자신의 변호사가 그들의 상황 또는 문제에 대해 들어 주고 걱정해 주고 있다는 것을 중요하게 여긴다.

듣기를 효율적으로 하는 여러 가지 방법이 있다. 전달자(sender)의 관심에 집중하고 자신의 관심 사항을 잠시 잊는다. 이와 동시에 전달자의 의도가 무엇인지 말하는 내용을 통해 실마리를 얻는다. 무엇을 얻기 위해 전달자가 의사소통을 하고 있는가? 그가 진심인 것 같이 보이는가 아니면 역할을 연기하고 있는가? 듣기에 있어서 직감을 사용하면 소리 내어 말한 내용보다 더 많은 의미를 이해하는 데 도움이 된다.

갈등해결을 위한 의사소통에서는 당사자들이 대화하는 것을 격려한다. 실제로 사람들은 대화를 통해 문제를 인식하거나 이해하는 과정이 일어날 수 있고, 그것으로 인하여 자신이 수행할 계획도 세워진다. 동시에 어떤 판단은 최대한 억제 또는 보류하는 것이 중요하다. 섣부른 판단은 치명적인 결과를 만들어 낼 수 있다.

자신이 가치 있다고 판단하는 사람의 말에만 주의를 기울이지 말고, 각자가 말할 때 혹 숨겨진 또는 미묘한 의미가 말 속에 있는지 자세히 듣는다. 듣는 행위는 깊은 만족을 줄 수도 있고, 편하게 해 줄 수도 있고, 인간적 연결의 기초를 수립할 수도 있다.

다섯 가지 적극적 경청하기 기술

적극적 경청하기 기술에는 반영하기(reflecting), 입증하기(validating), 재구성하기(reframing), 감정이입하기(showing empathy), 요약하기(summarizing)의 다섯 가지 결정적인 기술이 있다.

반영하기

반영하기(reflecting)란 전달자(sender)가 사용한 단어들을 이용하여 반복 또는 재생하는 것을 의미한다. 예를 들면 다음과 같다.

전달자 : 나는 슬퍼! 내 남편은 이 집에 바친 나의 노력들을 인정해 주지 않아.
수신자 : 그래요. 당신 남편은 당신의 집에 투자한 노력들을 인정해 주지 않아요. 그래서 당신은 슬픈 감정이 생겼다는 것이군요.

입증하기

입증하기(validating)는 수신자(듣는 사람)가 전달자가 말한 부분에 대해 존중해 주며 중요하게 취급하고 있다는 것을 보이는 것이다. 이것으로 인해 한층 더 깊은 의사소통과 문제를 해결하는 단계를 마련해 준다. 예를 들면 다음과 같다.

전달자 : 시집와서 이 집을 10년 동안 내가 돌봐 왔으니까, 나의 의견이 중요하다고 나는 생각한다.
수신자 : 당신이 시집와서 이 집을 10년 돌봐 왔으니까, 당신은 이 집에 관해 아주 잘 알 것이 확실하고 당신의 의견은 매우 유익하겠군요.

재구성하기

재구성하기(reframing)는 어떤 아이디어 또는 개념을 다른 방식으로 표현하는 과정을 의미한다. 대부분 이 과정에서는 조금 더 중립적인 언어 또는 당사자 입장보다는 현안 주제에 집중될 수 있도록 한다. 재구성하기는 당사자들 간의 방어적 태도를 줄여 줄 가능성을 갖고 있다. 때때로 살짝 다른 방식으로 정보를 말한 아무것도 아닌 사실이 그와 그녀의 입장을 다시 생각하도록 영향을 주기도 한다. 예를 들면 다음과 같다.

전달자 : 내 남편은 변변치 못하고 능력이 부족한 것 같아. 항상 구겨진 셔츠와 헐렁한 바지를 입고 사무실에 가는 것 같아. 그런 그의 처신으로 다른 사람들이 나를 어떻게 볼지 염려가 돼.
수신자 : 그러니까 당신은 남편의 옷차림이 당신에게 얼마나 영향을 주는지 관심을 갖고 있군요.
전달자 : 그녀는 너무 엉성해. 내가 우리 집의 모든 짐을 져야 하다니 죽을 지경이야.

수신자 : 그러니까 당신은 당신 집의 어려움 가운데 일부를 같이 해결해 주고, 일가친척 간의 관계를 어떻게 해야 하는지에 관심을 갖고 있군요.

전달자 : 내 아내가 아들의 교육 문제로 어린이집 선생님과 다툰 거야. 아내는 어린이집 선생님이 아들의 피부색이 달라서 차별대우를 했다고 생각하는 거야.
수신자 : 그러니까 당신은 이 문제를 알리기를 원한다는 거죠.

재구성하기는 다른 사람들을 조정할 때 사용하기도 한다. 예를 들면 남편과 아내가 장롱 구입에 250만 원 이상 지출하지 않겠다고 결정했는데, 며칠이 지난 후 남편이 집에 돌아와서 자신이 300만 원을 벌었다고 얘기한다. 그는 1,000만 원인 중고 장롱을 판매자와 협상하여 700만 원에 샀다고 하였다. 이 경우에서 보면 남편은 절약하고자 하는 약속의 의도를 재구성한 것이다.

재구성하기의 한 형태로 '연막작전'으로 부르는 반응을 들 수 있다. 이 기술은 다른 사람이 노골적으로 무례하게 대하거나 센스 없이 굴거나 깎아 내리고자 할 때 도움이 된다. 이 반응은 상대의 악의를 비껴가게 하고 중립적인 목소리를 만든다. 연막을 피워 부정적인 것을 중립적 또는 긍정적인 것으로 바꿔 놓을 수 있으며, 그리하여 전달자가 더 이상 말하지 않고 멈추도록 만든다. 연막의 핵심은 당신이 동의할 수 있는 것을 단순히 동의하는 것이다. 몇 가지 예를 들면 다음과 같다.

전달자 : 안녕! 눈 밑에 살이 축 늘어졌군.
수신자 : 그래, 지난주 내내 자지 못하고 정말 힘들게 일했지.

전달자 : 머리 모양을 어떻게 한 거야? 마치 태풍이라도 맞은 것처럼 엉망이야.
수신자 : 내 머리 스타일이 바로 최신식 유행이라는 것이지.

전달자 : 시간을 갖고 그걸 읽어 보는 것이 확실히 필요할 거야.
수신자 : 맞아, 모든 문제를 속속들이 이해하기 위해 시간이 필요해.

전달자 : 그래? 헌데 내가 읽어 보라는 편지를 아직 읽지 못한 거야?
수신자 : 응, 뜻을 파악하느라고 노력하는 중이야.

전달자 : 당신 코 고는 소리가 어찌나 크고 벽은 왜 그렇게 얇은지 잠을 자지 못했어.

수신자 : 그래요, 나는 너무 잠을 잘 잤어요.

전달자 : 나이에 비해서 아주 좋게 보이는군.

수신자 : 감사합니다. 옷이 맞아서 그런 것 같군요.

이 대화 기술은 대개 무의식적이지만 때로는 고의적으로 예의에 벗어나지 않는 선에서 사람들이 당신을 공격하거나 상처를 주려고 할 때 가치를 발휘한다. 연막 기술이 사용되고 공격자가 상대방을 자극하지 못한다는 것을 알게 될 때 수신자는 주의를 분산시키며 피해가는 말로 상황을 통제할 수 있게 된다. 이와 같은 반응은 방어적이고 수세적인 것만이 아니며 그것이 아닌 이유로, 전달자가 수신자를 충동하여 미끼를 물게 함으로써 전달자가 느끼는 만족감을 오히려 차단하기 때문이다.

감정이입하기

웹스터 사전(Webster's Dictionary)에서 감정이입 혹은 공감(empathy)은 '한 사람의 감정이 다른 사람을 더 잘 이해하기 위한 목적에서 다른 사람의 감정으로 투사 혹은 투영되는 것'이라고 정의하고 있다. 또한 '다른 사람의 감정, 생각, 느낌을 공감하고 나누는 능력'을 말한다고 정의하고 있다.

감정이입은 다른 사람의 감정 상태와의 평행을 가능케 하는 그리고 그것을 민감하게 알아가는 과정이다. 이는 수신자가 자신의 흥미를 제쳐 놓고 상대방이 어떻게 느끼는지 진지하게 이해하려고 노력하는 듣기의 한 양식과 같다. 초점을 상대에 두기 때문에 이는 경청하기의 한 양식이라 할 수 있다.

감정이입적 경청하기는 사람들로 하여금 자신의 감정을 통제하는 것을 돕는다. 한 가지 예로 다른 사람에게 화를 내는 대신에 수신자는 '내가 상대의 신을 신고 걷는다'고 상상함으로써 보다 상대의 입장이나 태도, 반응을 이해하게 된다. 감정이입적 경청하기는 수신자가 많은 수준에서 '함께'라는 것을 전달자에게 나타내는 것이다. 감정이입은 특히 잘 모르는 사람들을 함께 협력하는 단계로 이끈다고 말할 수 있다.

감정이입적 경청하기는 동정적 경청하기와는 다른데, 동정적 경청하기는 화자에게 슬픔이나 동정심을 나타내는 것을 말한다. 어떤 사람은 동정적 경청하기가 말하는 사람이 주도적 분위기로 대화를 하기 때문에 불편해한다. 감정이입적으로 경청하기 위해서는 대답하기보다는 이해한다는 목표로 듣도록 한다. 그리고 비언어적 단서를 깨달아야 한다.

감정이입은 인간관계의 본질적인 것이다. 한 집단의 어린아이들에서 한 아이가 울기 시작하면 다른 아이들도 따라서 우는 경우가 자주 일어난다. 이로 미루어 볼 때, 자신과 닮은 다른 사람과 감정이입이 일어난다는 것을 추측할 수 있다. 감정이입을 느끼는 선천적 능력은 보강하지 않으면 시간이 지남에 따라 사라진다. 감정이입의 질적 문제가 부분적으로 혼란을 주기도 한다. 만약 사람이 너무 감정이입적이면 타인의 고난이나 시련으로 너무 쉽게 문제가 될지 모른다. 어떤 이들은 감정이입을 매우 높은 변증적인 기술로 받아들인다. 중간 입장에서 보면, 감정이입적 경청하기는 다른 사람의 메시지를 완전하게 이해하고 다른 사람을 편안하게 하는 가치 있는 기술이다. 예를 들면 다음과 같다.

전달자 : 나는 일의 수렁에 빠져 도무지 사회적 관계 맺을 시간을 내지 못하고 있어.
수신자 : 당신은 일이 너무 많아서 사회생활을 할 시간을 갖지 못할까 염려하는군요.

요약하기

수신자(경청자)는 전달자(화자)나 다른 사람이 무엇을 말했는지 명확하게 이해했다는 것을 전해 줄 필요가 있다. 재구성 및 인증과 요약의 경청 기술은 이 점을 수행한다.

요약하기(summarizing)는 도전이다. 요약은 무엇을 말했는지 단어와 단어를 완전히 재진술하는 것이 아니다. 이는 무엇을 말했는지 그 내용의 요점이나 개요를 함축한 것이다. 효과적인 요약하기는 화자(전달자)의 이야기 중 핵심을 요약하고 외곽정보는 생략하는 것이다. 훌륭한 요약하기는 말하고자 하는 내용과 느낌을 정확하게 압축한 것이다.

요약하기는 다음과 같은 이유로 중요하다.

- 수신자는 전달자가 무엇을 전했는지에 대한 자신의 이해를 나타낸다.
- 전달자는 수신자가 무엇을 듣고 해석하는지를 알 수 있는 기회를 갖는다.
- 참석한 다른 사람이 수신자가 무엇을 듣고 해석하고 있는지 들을 수 있다.

이상적으로 요약하기는 차단되어서는 안 된다. 요약한 사람은 요약이 끝나면 전달자에게 요약한 내용이 정확한지 물어보아야 한다. 때때로 전달자 혹은 다른 사람이 수신자가 청취한 내용을 명확히 하고, 강조하고, 쟁점을 확인할 필요가 있다.

요약하기에 있어 선동적인 단어나 개념을 사용해서는 안 된다. 요약하기의 큰 장점 중 하나는 요약하는 사람에게 전달자의 선동적인 단어를 생략하는 기회를 준다는 점이다. 자주 상대가 선동적인 단어로 화가 났거나, 흥분하여 경청하려 하지 않거나, 생각이나 말에 동의하지 않거나 한다. 시험적·중립적 언어로 대처하는 것은 대화로 가게 하는 데 도움이 된다. 이는 다른 기법들이 실패했을 때 일어난다.

질문하기

의사소통은 전달자, 수신자, 내용으로 구성된다. 효과적인 의사소통은 전달자가 의도한 메시지 내용이 무엇인지를 수신자가 이해할 때 일어난다. 질문하기는 수신자가 내용을 이해하는 것을 돕는 데 이용되는 의사소통 기술이다. 질문이 효과적이기 위해서는 질문을 하는 목적이 필요하다. 이와 관련하여 다음과 같은 목적이 있다.

- 필요한 정보 수집하기
- 현재 상황에 이르도록 한 과거의 사실 이해하기
- 상황의 결과나 결론 이해하기
- 특별한 관점 또는 주제에 관심 집중하기
- 대화의 방향 지시하기
- 누군가가 다른 방법으로 현안을 생각하도록 촉진하기
- 의사소통 종결하기

대화의 종결과 연관된 질문의 예를 들면 "이 상황에 대해서 명확히 이해하고 있습니까?" 그리고 "이 문제와 관련하여 더 이야기할 필요가 있다고 봅니까?" 등이 있다.

효과적인 질문하기는 다른 방법으로 드러나지 않는 의사소통에서 정보를 이끌어 내는 것이다. 그것은 일들을 명확히 구분하고, 현안문제와 사실을 확인하고, 새로운 통찰이나 의미를 제공해 준다. 이름이 알려지지 않은 한 작가는 '질문은 마음의 창'이라고 말하였다.

효과적인 질문하기는 훌륭한 경청하기 기술이다. 그것은 전달자로 하여금 수신자가 이해하기를 원한다는 것을 알도록 한다.

다른 한편 비효과적인 질문은 수신자로 하여금 방어적으로 만들고, 의사소통을 꺼리도록 만든다. 질문은 상대방을 불편하게 만들거나 방해해서는 안 된다. 질문에 관한 몇 가지 일반적인 규칙을 살펴보면 다음과 같다.

- 핵심적 또는 필요한 질문만 할 것
- 질문에 있어 호기심을 넘어 이성적일 것
- 얼마나 많은 질문을 하고 있는지 의식할 것
- '왜'로 시작하는 질문은 회피할 것
- 수신자가 한 질문에 한 번 답변하도록 하고, 두 가지 혹은 여러 가지를 동시에 질문하는 것을 피할 것
- '유도하는' 질문을 피할 것
- 질문을 할 때 목소리의 톤을 의식할 것
- 질문지를 만들어 응답자가 쉽게 원하는 답을 주도록 할 것

질문이 연속적으로 일어나는 입장에 처할 수 있다. 이 경우 연속성의 특징상 많은 양의 정보수집과 통제가 포함된다.

개방질문	초점질문	폐쇄/직접질문	유도질문
수신자 : 높은 수준의 통제	수신자 : 대등한 수준의 통제	수신자 : 미미하거나 거의 없는 수준의 통제	수신자 : 낮은 수준의 통제
전달자 : 낮은 수준의 통제 수집된 많은 양의 정보	전달자 : 대등한 수준의 통제 수집된 구체적인 정보	전달자 : 높은 수준의 통제 폭이 좁고 한정적으로 수집된 정보	전달자 : 높은 수준의 통제 수집된 적은 양의 정보

개방질문

수신자 : 높은 수준의 통제, 전달자 : 낮은 수준의 통제, 수집된 많은 양의 정보

개방질문은 정보가 자유롭게 흐르도록 하고, 수신자가 답변의 범위와 내용을 결정하도록 한다. 개방질문은 수신자에게 의사소통의 힘을 부여한다. 개방질문은 정보를 수집하는 데 사용하였고, 자신의 아이디어, 관심, 느낌을 자유롭게 표현하도록 사람들을 고무했다. 개방질문은 조사나 대화를 시작하는 데 사용된다.

협상, 조정, 중재와 같은 갈등관리 과정에서는 대부분 시작할 때 개방질문이 이용된다. 몇 가지 예를 들면 "무슨 일이 일어났습니까?", "이 상황에 대해 내가 알아야 할 필요가 있는 점은 무엇인가요?", "내가 이 상황에서 어떻게 시작해야 합니까?" 등이다.

개방질문을 사용하는 장점은 다음과 같다.

- 개방질문은 수신자에게 답변의 주제와 답변의 범위를 결정하는 힘을 준다.
- 개방질문은 수신자가 보다 세부적인 혹은 초점을 맞춘 질문을 하여 현안문제나 간과한 문제를 상기하도록 한다.
- 개방질문은 수신자가 자신의 용어로 사건의 전체 그림을 그리도록 허용한다.
- 개방질문은 민감한 주제에 대하여 수신자가 자유롭게 말하는 단계를 만든다.
- 개방질문은 질문을 받는 자와 질문자 사이에 공감대를 증대하는 잠재력이 있다.

반면에 개방질문의 사용에는 다음과 같은 단점도 있다.

- 개방질문은 관련이 없는 답변을 하게 하기도 한다.
- 개방질문은 수신자의 기억을 거의 자극하지 않는다.
- 개방질문은 말이 많은 수다스러운 수신자를 거의 통제하기 힘들다.
- 개방질문은 마지못해 응한 질문자에게는 질문을 만드는 것을 어렵게 한다.

초점질문

수신자 : 대등한 수준의 통제, 전달자 : 대등한 수준의 통제, 수집된 구체적인 정보

개방질문과 대조적으로 초점질문(focused questions)은 상대적으로 폭이 좁은 범위의 정보가 요구되므로, 이 질문은 특별한 정보를 구하고자 하는 경우 사용된다. 초점질문에서는 수신자와 질문자 사이에 의사소통의 힘을 나누어 갖는데, 수신자는 초점영역 내에서 어떤 질문을 할 것이기 때문이다. 공개질문의 경우처럼 초점질문에서도 질문의 답변자는 질문자가 말하고자 하는 관심 사항에 흥미를 갖고 있다는 것을 질문자가 알도록 한다.

초점질문은 의사소통의 모든 수준과 모든 갈등관리 수준에서 사용될 수 있다. 의사소통의 초기 단계에서 명확하지만 의사소통의 전체 과정에서도 효과적이다. 초점질문은 당사자 간 합의에 도달하여 종결하고자 할 때 현안 문제를 규정하는 데 도움을 준다. 몇몇 예를 들면 "지난 2주 동안 어떤 일이 발생했습니까?", "지난 저녁 무슨 일이 일어났습니까?", "당신 이웃과 몇 시에 만날 수 있다고 하셨나요?" 등이다.

초점질문은 다음과 같은 장점이 있다.

- 초점질문은 수신자가 현안문제에 대해 아주 편안해 함으로써 질문자가 민감한 현안문제를 순조롭게 처리하도록 한다.
- 초점질문은 수신자가 특정 주제에 반응하도록 요구함으로써 수신자의 기억을 자극하고 초점을 맞추는 데 도움이 된다.
- 초점질문은 질문자와 답변자 사이의 의사소통에 힘의 균형이 유지되도록 한다.

초점질문은 다음과 같은 단점도 있다.

- 초점질문은 자신의 입장을 완전하게 설명할 기회가 없다고 느끼는 수신자와는 라포가 형성되는 것을 방해한다.
- 초점질문은 질문자가 정밀하게 조사하는 것이기 때문에 답변자는 불편함을 느끼게 된다.

폐쇄 또는 직접질문

수신자 : 미미하거나 거의 없는 수준의 통제, 전달자 : 높은 수준의 통제, 폭이 좁고 한정적으로 수집된 정보

폐쇄 또는 직접질문(closed or direct questions)은 개방 또는 초점질문보다 협소하다. 폐쇄 또는 직접질문은 보통 '예/아니요'로 답하거나 적어도 간단한 답을 요구할 때 이용한다. 폐쇄 또는 직접질문은 의사소통의 힘이 질문자에게 이동된다. 일반적으로 그러한 질문은 합의나 화해가 가까워지면 문제해결 의사소통 과정의 종결을 위해 하게 된다. 폐쇄 또는 직접질문의 예는 "언제 합의 기간이 종료됩니까?", "이 계약서에 사인하셨습니까?", "당신은 목요일 오후 5시까지 지불하는 데 동의합니까?", "이 행위에 대해 책임을 지시겠습니까?"와 같은 것이다.
   폐쇄 또는 직접질문의 사용은 다음과 같은 장점이 있다.

- 폐쇄 또는 직접질문은 구체적인 정보를 요구한다.
- 폐쇄 또는 직접질문은 관련된 반응을 요구한다.
- 폐쇄 또는 직접질문은 세세한 내용을 획득하거나 명료화하는 데 도움이 된다.

폐쇄 또는 직접질문의 사용은 다음과 같은 단점이 있다.

- 폐쇄 또는 직접질문은 라포를 방해한다.
- 폐쇄 또는 직접질문은 심문하는 분위기를 만들게 된다.

유도질문

수신자 : 낮은 수준의 통제, 전달자 : 높은 수준의 통제, 수집된 적은 양의 정보

유도질문은 질문 속에 원하는 반응이 수반된다. 질문은 질문자의 편견이나 의도를 반영한다. 이들은 답변자의 선입관이나 의도한 목적을 반영한다. 이 질문은 종종 수신자를 희생시키며 의사소통의 힘을 질문자에게 이동시킨다. 유도질문은 오직 한 가지 답변만 있고 정보의 자유로운 흐름을 차단한다. 질문자는 가끔 답변자를 함정에 빠뜨리고자 유도질문을 한다. 법정에서의 변호사, TV, 라디오 쇼 진행자, 신문기자는 유도질문을 한다.

유도질문은 대개 갈등관리 과정에서는 유용한 도움을 주지 못한다. 몇 가지 예를 들면 "그렇게 생각하지 않아요?", "적어도 4잔 이상 차에 오르기 전 마시지 않았나요? 그렇죠?", "계약에 이 조항이 들었다는 것을 알고 있었죠? 맞죠?", "그래서 전에도 경찰과 문제를 일으켰죠?" 등과 같은 질문이다.

유도질문의 사용은 다음과 같은 장점이 있다.

● 유도질문은 질문자에게 의사소통의 힘을 준다.
● 유도질문은 질문자가 민감한 주제에 관한 정보를 확증하도록 하고, 수신자의 상황이 폭행범이나 성학대와 같은 일반적으로 수용된 행동 규준을 위반했을 때 사용된다.

유도질문의 사용은 다음과 같은 단점이 있다.

● 유도질문은 질문자의 의견과 가치를 답변자에게 전가할 수 있다.
● 유도질문은 수신자가 잘못된 경로로 가도록 지시할 수 있다.
● 유도질문은 더 많은 정보를 이끌어 내지 못한다.
● 유도질문은 수신자가 방어적인 입장이 되도록 한다.

채우기

대부분의 사람은 폐쇄/직접 또는 유도질문을 한다. 초점 또는 개방질문의 사용은 드물다. 이 이유 중 하나는 '채우다(filling)'라는 개념 때문일 수 있다.

'채우다'라는 것은 문제가 발생했을 때, 우리는 벌써 자신이 생각하는 답을 마음에 두고 있다는 것을 의미한다. 하나의 구(phrase) 또는 단어가 우리에게 그것을 연상하게끔 할 수 있다. 자신은 미리 그 답을 생각하고 있기 때문에 우리는 빈칸을 채우기 위해 직접질문들만 물어본다. 예를 들어 여자가 검사 사무실에 들어와서 "저와 동거 중인 남자친구가…"라고 이야기를 시작한다면, 검사는 이런 '동거 남자친구' 사건을 몇백 번 넘게 처리해 왔고 그래서 검사는 그

순간 벌써 이 여자의 사건의 세부내용을 안다고 믿는다. 검사는 이제 몇 가지 직접질문을 통해 빈 정보들만 '채우면' 된다고 생각한다.

이것은 매우 위험한 방법이다. 개방질문을 해서 큰 그림을 알아보고, 그 후 초점 그리고 직접질문으로 세부내용을 '채우는' 것이 더 좋은 방식이다.

일상 단어

대부분의 사람은 긍정적인 대화 방법을 배우지 못했다. 그래서 우리는 상대방에게 부정적인 반응이 나타날 수 있는 단어 또는 말을 사용한다. 특히 한국 사람들은 긍정적인 단어와 부정적인 단어를 약 1:9의 비율 정도로 부정적인 말을 더 많이 사용한다. 어떤 사람들은 '그건 그렇고'라는 말로 시작되는 문장만 들어도 진력이 난다. 그 말투에는 어떤 2차적이거나 또는 뒤늦게 생각난 것처럼 느껴지는 의미가 내포되어 있기 때문이다. 예를 들어 "그건 그렇고, 우리는 당신의 능력이 없었다면 우리 집이 이렇게 행복하게 생활할 수 없었을 거예요." 이런 형태로 사용될 경우 '그건 그렇고'라는 말은 뒤 내용에 대한 부분을 감소시킨다. 역시 이런 말은 대화에 슬쩍 끼워 넣어 내용을 마치 무심코 또는 가볍게 느껴지도록 할 때 사용된다. 예를 들어 "그건 그렇고, 나는 내일 생일 파티에 참석을 못합니다." 이런 이유들로 많은 사람들이 이 말을 들었을 때 왜 움찔하는지 이해가 간다.

여러 단어 또는 말 중 말하는 사람(sender)은 존경의 뜻으로 의미 있게 사용하지만 특정 상태 또는 상황 때문에 그렇게 받아들여지지 않을 경우가 있다. 예를 들어 '선생님' 또는 '부인' 등과 같은 예의상의 경칭들은 현재 20~30대 사람들에게는 안 좋게 받아들여진다.

그리고 몇몇 단어는 대화에 사용될 경우 대부분의 사람들에게 짜증스러운 반응을 일으킨다. 이 가운데 '너 같은 사람들은~', '착한 척하는', '관료적인' 등과 같은 단어들을 예로 들 수 있다. 이런 표현들은 다른 양식의 사람들에 대한 차별적인 발언이다.

표적 단어(target words)는 특정한 개인에게만 해당되는 경우도 있다. 최근 신문에 전해진 서한에는 저자가 다른 사람들에게 '가이즈(guys)'라는 표현을 남녀 구분 없이 그만 사용해 달라고 부탁했다. 그 저자는 선생님들이 "이제 너희들 모두 조용히 해."라고 자신의 아이들에게 말하는 것도 싫다고 하였다. 공무원들은 '관료적'이라는 단어에 민감하다. 특히 '너희 관료들은'과 같은 말 뒤에 아무리 칭찬의 의미를 표현할지라도 좋게 받아들여지지 않는다. 오프라 윈

프리(Oprah Winfrey)는 그녀의 토크쇼에 출연한 어떤 의사가 '물론(of course)'이라는 표현을 앞선 입장에 대해 의미를 떨어뜨리는 어감으로 계속 사용하자 화를 냈었다.

그 밖에 '무엇이던지(whatever)'와 같은 표현은 선생님 그리고 부모에게는 부정적인 표적이 되는 단어이다. 이 단어를 아이들이 대답할 때 사용하여 대화를 막연하고, 초점이 없으며, 불특정하게 만들기 때문이다.

이러한 단어나 표현은 대부분 그 뒤에 따르는 문장의 의미를 무의미하게 만든다. '무엇이든(whatever)'이란 단어는 다음과 같이 "내가 무엇을 했던, 내가 무엇을 말했던, 미안해."로 사용될 경우, 이는 용서를 받고 싶다는 (또는 이 문제에 대해 잊기를 바라는) 것을 나타내지만, 한 사람이 한 행동에 대해서 그리고 그 문제로 발생한 결과에 대해서 직면하는 것을 피하고 있다. '하지만(but)' 또한 위와 같은 방식으로 사용될 수 있다(예 : "너랑 싸우고 싶어서가 아니야, 하지만~"). 그리고 증거 없는 주장, 예를 들어 '누구누구에 의하면'과 같은 경우 상대방의 입장이 진실이 아닌 것처럼 말할 때 사용될 수 있다.

상대방을 책망하여 그들의 주장을 비하하기 위해 사용되는 단어들은 대화에서 선동적이다. 이런 단어들에는 '불평하다'를 사용한 "너는 모든 것에 대해 불평만 해.", '권리가 있다'를 사용하여 "너도 너의 주장을 할 권리가 있겠지.", '분별 있게'를 사용하여 "우리는 관료적인 규정이나 따를 건가요, 아니면 분별력 있는 방식으로 진행할 건가요?" 등과 같은 경우이다. 이런 반응을 일으키는 표현들은 또 "너무 민감하게 굴지 마.", 그리고 "너 같은 사람들은~" 등과 같은 경우이다.

그리고 협상, 조정, 중재와 관련하여 사용하는 단어들도 적절하게 선택해야 한다. 협상, 조정, 중재 과정에서 여러 다양한 단어 또는 표현이 생겨난다. 이런 단어들은 이 외의 상황에도 발파 단추(push buttons)가 될 수 있다. 그와 같은 단어는 다음과 같다.

사과(apology)

조정 과정 중 하나 또는 두 당사자들이 상대방으로부터 사과를 요구하는 경우가 많다. 이런 요구는 조정을 하는 과정을 지연시킬 우려가 있다. 어떤 조정 전문가들은 전반적인 상황에 대한 사과 요구는 안 하는 것이 좋다고 조언한다. 그들은 사과를 요청할 경우 개별 사건에 대해서 그리고 조정이 사과 없이 진행이 안 될 경우에만 요구하라고 권한다. 요구받지 않은 사과를 할 경우 때에 따라 그 행위로 인하여 통로를 열거나 해결방안이 마련되는 기폭제가 될 수 있다.

사과를 요구하는 것이 장애가 될 경우 요구를 재구성(reframe)하거나 주제에 다시 집중하는 것이 도움이 될 수 있다. 한쪽 당사자가 사과에 집착할 경우 상대 당사자에게 그 요구를 다시 재구성(reframe)해 달라고 하는 것도 가끔 도움이 된다. 그 사람은 단지 상대방이 그 일이 생긴 것에 대해 후회하고 있다는 말만 듣고 싶어 하는지도 모른다. 대부분 그런 경우라면 상대방은 바로 그 요구를 실행할 경우가 많다.

'화해'와 '용서' 역시 표적 단어가 될 수 있다. '미안해'라고 해도 어떤 사람들에게는 비판적인 반응을 일으킬 수 있다(그들은 그 말을 믿지 못하거나 또는 그 말만으로는 부족하기 때문이다).

타협(compromise)

'타협'은 협상 또는 조정에 있어서 변덕스러운 단어이다. 당사자들은 어떤 경우 "나는 신념을 타협하지 않겠다."라고 말한다. 한 조정 전문가는 당사자들에게 '타협'이라는 단어의 기원을 생각해 보라고 하였다. 타협은 약속을 협력(co-promise)하거나 공동의 약속(common promise)을 보증한다는 것을 말한다.

위협(threat)

어떤 표현, 예를 들어 '그렇지 않다면' 또는 '너는 후회할 것이다'와 같이 협박 또는 위협으로 받아들여지는 경우 의사소통 또는 협상에 확실히 장애로 작용한다.

입장(side), 이야기(story), 사실(facts), 진실(truth)

이 조정자의 서두를 한번 생각해 보자. "당신들 각자 자신의 입장에서 이야기할 기회가 있을 겁니다. 나는 사실을 알고 싶고, 그리고 당신이 생각하는 이 사건의 진실이 무엇인지 알고 싶습니다." 이 서두는 입장, 이야기, 사실, 진실과 같은 폭발적인 단어들로 가득 차 있다. 이 단어들은 의사소통을 막을 수 있다. 참여자들은 이야기를 하는 것이 아니며, 자신의 입장은 없고 사실과 진실만 있다고 믿는다. 조정자는 다음과 같이 말하는 것이 더 좋을 것이다. "당신들 각자 이 상황에서 자신의 관점 또는 시각을 발언할 기회가 있을 것입니다."

어떤 단어 또는 표현이 사람들에게 반응을 일으켜 효과적인 의사소통에 방해가 된다는 것을 알고 있는 것이 중요하다. 사람들의 가치관, 교육, 경험이 같지 않기 때문에 각자 다른 것으로부터 부정적인 반응을 일으킬 수 있는 계기가 될 수 있다.

갈등해결 의사소통에서 가능한 한 중립적으로 자신의 의사소통을 유지하는 것이 최선이 된다. 긍정적인 또는 중립적인 의사소통 기술을 연습하는 것은 쉽지 않으며, 자신의 습관을 바꾸는 데는 오랜 시간이 걸릴 수 있다.

비언어적 의사소통

의사소통의 양식은 일반적으로 언어적 의사소통과 비언어적 의사소통으로 구분된다. 일반적으로 사람들은 의사소통 하면 언어적 양식을 먼저 생각하지만, 의사소통에서 언어적 의사소통 방법이 차지하는 역할은 7% 정도이고, 비언어적 의사소통 방법이 차지하는 역할은 93%(목소리 38%, 몸동작 55%)이다. 요컨대, 몸 움직임, 태도, 표정, 말의 억양, 음조의 변화 등이 담당하는 역할이 의사소통에서는 절대적이라는 것이다. 비언어적 의사소통을 이해하는 데는 세 가지 핵심 요소가 있다.

- 사람들의 비언어적 의사소통은 현재 상황을 이해하는 데 도움이 될 수 있는 메시지를 전달한다.
- 우리가 다른 사람의 비언어적 의사소통을 이해하는 것은 우리의 개인적인 선호와 경험 때문에 잘못 해석할 수도 있다.
- 비언어적 의사소통은 문화적 관습과 예의에 의해 영향을 받는다.

메시지 해석

상대방의 신체언어를 효과적으로 읽어 내는 것은 쉬운 일이 아니다. 이는 같은 행동도 상황에 따라 여러 가지 해석이 가능하기 때문이다. 예를 들어 다음과 같다.

- 어떤 사람이 팔짱을 끼고 있을 경우 더 이상 대화를 하기 싫다는 표현일 수 있다. 반대로 그 사람은 그냥 추워서 팔짱을 끼고 있을 수 있다.
- 어떤 사람이 대화 중 안경을 벗을 경우 무의식중에 현재 상황을 보기 싫다는 메시지를 보

내는 것일 수 있다. 반대로 안경이 코를 누르고 있어 잠시 안경을 벗은 것일 수 있다.

- 어떤 사람이 대화 중 다리를 떨고 있을 경우 그 사람이 불안하거나 조급하다는 것을 나타내고 있을 수 있다. 반대로 그 사람의 다리가 잠시 마비되어 그것을 풀기 위해 다리를 흔들고 있을 수 있다.
- 어떤 사람은 육체적 또는 정신적 질환이 있어 어떤 특정 움직임이나 행동을 보일 수 있다. 이런 행동들은 오해를 불러일으킬 수 있다.

메시지 확인

당신은 상대방이 어떤 비언어적 메시지를 보내고 있고 그것이 대화에 중요하다고 생각된다면, 그런 느낌을 확인하는 것이 중요하다. 이런 확인 작업은 아래와 같은 몇 가지 방법으로 위협을 주지 않으면서 실행할 수 있다.

- 초점질문을 사용한다. 예를 들면 "실내온도가 괜찮은가요?" 상대방은 실내온도는 괜찮은데 다른 이유 때문에 불안하다고 답변할 수 있다.
- 나−메시지(I-message) 문장을 사용한다. 예를 들면 "나는 당신이 이 과정을 불만스러워하는 느낌이 드네요. 당신은 어떻게 생각하나요?"

비언어적 의사소통 자극의 무시

비언어적 의사소통은 그냥 상대방을 자극하기 위하여 사용될 경우도 있다. 상대방으로부터 몸을 틀던지 손가락으로 다른 사람을 가리키는 행동이 이 같은 예가 될 수 있다. 고의적으로 자극하는지 확인하는 방법 중 하나는 표적 단어 또는 표현에 신경을 쓰면 된다.

문화적 관습의 이해

이중문화 간의 의사소통 상황일 경우 비언어적 메시지를 해석하거나 보내는 것에 특히 주의해야 한다. 예를 들어 손가락으로 가리키는 행동은 어떤 문화에서는 무례한 행동이다. 받아들여지는 두 사람 간의 공간 ― 신체적 거리 ― 도 문화마다 다르다. 엄지와 검지로 동그라미 모양을 만들어 보이는 것은 '알았다, 맞다'는 뜻으로 해석되는 문화도 있지만, 다른 문화에서는 매우 역겨운 몸짓이다. 어떤 문화에서는 인사로 악수를 하고, 어떤 문화에서는 볼에 키스를 하는 방식으로 인사를 한다. 이중문화 간의 의사소통을 할 경우 적절한 문화적 관습을 습득하고 의사소통을 하기 전에 미리 계획을 세우는 것을 권한다. 조정자 또는 중립적인 역할을 할 경우, 당사자들의 나라 또는 고향에서는 어떤 방식으로 해결을 하는지 알아보는 것을 권한다.

지각 점검

이해는 90%가 지각(perceptions)으로 이루어진다고 한다. 지각은 비언어적 의사소통의 중요한 부분이다. 예를 들면 트레이너들은 첫날에는 전문적인 옷을 입고 나와 전문가 또는 프로라는 인상을 남기려 한다. 이후 몇 번의 교육이 이루어진 뒤에는 형식적인 옷보다는 평상복을 입어 집단의 한 구성원으로서 인상을 남기려 한다.

나-메시지 사용

대부분의 사람은 자신의 감정을 표현하는 데 어려움을 느낀다. 이런 감정을 표현하지 못해 악화되면 위험한 고비 또는 비생산적인 분출로 이어질 수 있다. 다음 예들은 이런 점을 이해하는 데 도움이 될 것이다.

예시 1

아내와 남편은 갈등에 대해 협상 중이다. 남편은 아내의 말을 들을 때 아내가 외국인이라는 점을 자주 언급한다. 예를 들면 "나는 당신에게서 그런 발언을 예상하지 못했어. 외국인은 다 그렇지 뭐." 아내는 점점 짜증이 나고 드디어 폭발한다. "또 한 번 나를 외국인이라 그렇다고 하면 내가 정말 화났을 때 외국인이 어떻게 하는지 보여 주지!"

확실히 아내의 폭발적인 발언은 비효과적이다. 더 효과적인 방법은 나-메시지에 의한 방식으로 답변하는 것이다. "나는 … 느낀다(느낌을 말한다), 사람들은 이럴 때 … (행동을 한다). 왜냐하면 …(이유를 든다)."

이러한 형식을 사용하게 될 경우 자신이 느낀 점을 전달할 수 있다. 예를 들면 '당신' 등을 사용하지 않아도 되며, 이유의 설명이 제공된다. 이 형식을 사용하면 아내는 이렇게 말을 했을 수 있다. "나는 (사람들이 내 행동을 전형적인 외국인이라 단정)할 때 (무시되고 있고 그리고 분개할 것 같은) 느낌이 든다, 왜냐하면 (나는 나만의 방식이 있으며, '외국인은 다 그래'와 같은 상투적인 말로 나를 묘사할 수 없기 때문이다)."

예시 2

남편은 냄새에 매우 민감하다. 아내는 집에 있으면서도 향수를 많이 사용한다. 몇 주 정도 남편은 향수 때문에 두통과 어지러움이 있었다. 어느 날 아내가 남편 가까이에 앉자 남편은 드디어 폭발한다. "나는 더 이상 당신의 향수 냄새를 견딜 수가 없어!"

　나-메시지를 사용하였다면 남편은 이렇게 표현할 수 있었다. "나는 사람들이 향수를 사용할 때 두통이 생기고 어지러움을 느껴. 왜냐하면 나는 냄새에 민감하기 때문이야." 이런 접근을 사용하여 남편은 자신의 감정과 그 이유를 명확히 표현할 수 있으며 아내를 개인적으로 비난하지 않아도 된다.

갈등을 유발하는 의사소통

모든 의사소통이 갈등해결에 도움이 되는 것은 아니다. 어떤 의사소통은 상황을 악화시키는 역할을 하게 되는데, 다음과 같은 것들이 그 예이다.

- 흑백 논리(dichotomization) : 이 과정은 좁은 시각의 단 두 가지 선택, 시각, 또는 해결책만을 고려한다. 그러니까 이것 아니면 저것 현상이다.
- 비교(comparison) : 어떤 상황 또는 사물에 대한 비교는 도움이 된다. 반대로 어떤 비교는 해롭고 불필요하다. 예를 들어 직원들이 후임자와 전임자 상관을 비교하는 일은 무의미한 비교이다.
- 양극 및 극단(polarities and extremes) : 대부분 극단을 다루는 것은 도움이 안 된다. 보통 해답은 중도에 있다.
- 네, 하지만(yes, but) : 사람들은 자주 어떤 아이디어 또는 조언에 "네, 하지만"으로 답변한다. "네, 하지만"은 언어 지우개라고 불리며 앞의 발언을 부인한다. 이는 조언을 거절

하는 또는 제안이 마음에 내키지 않는다는 느낌을 준다.

- 해답(answer) : 대부분 어떤 문제해결 과정에서 사람들은 한 해결책 또는 답만을 찾는 데 고착되어, 창의성을 발휘해 다양한 가능성 있는 해결책을 찾는 방식을 고려하지 않는다.

05
문제해결을 통한 갈등관리

개요

다문화가족의 갈등관리

다문화가족이 자신의 정체감을 잃지 않고 자율성과 책임감, 결정 선택 능력, 자기통제 능력을 키울 수 있는지에 대한 문제를 Tomas Gordon이 John Dewey의 「문제해결 6단계설」을 바탕으로 문제해결에 적용할 수 있도록 만든 **무패법(제3의 방법, 승승법)**의 각 단계를 습득하고 가정에 적용할 수 있도록 실습과정을 마련했다. 다문화가정에서 상과 벌이나 힘과 권위에 의해 통제되어 왔던 가족들이 무패법을 사용함으로써 자율성과 책임감을 배워 긍정적인 자아정체감을 키워 나갈 수 있는 가족환경이 조성될 것이라 기대한다.

'부모-자녀' 간의 좋은 관계

부모가 자녀를 잘 양육하는 데 가장 크게 작용하는 요인은 '부모-자녀 간의 관계가 좋은가'에 좌우된다. 즉 양육하는 내용의 문제보다 부모와 자녀 그리고 부부가 서로 얼마나 신뢰하는지, 우호감을 갖는지가 더 중요하다.

따라서 부모는 각자 '효과적인 가족 관계'를 얻을 수 있는 여러 방법을 배우고 훈련해야 한다. 부모가 벌, 위협, 비난 등의 훈육을 주로 하는 강압적 · 권위적 방법에 의존하면, 양육에도 한계가 생길 뿐 아니라 자녀들의 심리적 혹은 행동적 저항 행위를 유발할 수 있다.

자녀는 부모를 자신의 **좋은 세계**(Quality World; William Glasser) 안에 넣을 때 삶에 대한 흥미와 학업에 대한 동기유발이 가능해진다.

문제해결의 여러 가지 방법

승패법

가정생활에서 우리들은 주로 승패적 방법으로 갈등을 해결하려 했다. 즉 누군가가 이기고 누군가는 져야만 하는 게임을 해 온 것이다. 다음의 두 가지 방법이 승패적 방법(win-lose method)이다. 이 두 가지 방법은 어느 것이나 어느 한쪽이 욕구좌절을 느끼게 되므로 완전한 갈등해결 방법이 되지 못한다. 오히려 상대방에 대한 불만을 누적시켜 인간관계가 손상되고, 의욕을 떨어뜨려 가정생활의 효율성을 저하하는 결과를 초래한다.

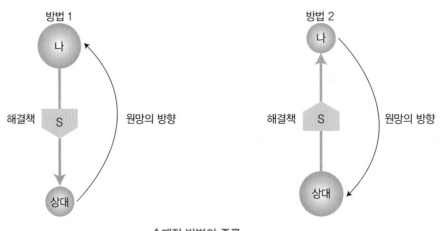

승패적 방법의 종류

앞 페이지의 그림과 같이 방법 1에서는 권위를 사용하여 자기 뜻대로 되는 해결법을 강요하므로 자신의 욕구는 충족되나 상대방의 욕구는 충족되지 못하고, 상대는 이 해결법에 대해 만족을 얻을 수 없다. 자신의 욕구는 관철되나 상대의 것은 거부된다. 따라서 패자인 상대는 이를 불공평하다고 생각하기에 권력이 부족함에 대한 무력감을 느끼게 되고, 심리적인 스트레스를 경험하게 된다. 그래서 패자가 승자에 대해 불만 또는 적개심을 갖게 되는 것은 불가피한 일이다. 방법 2에서도 마찬가지로 패자가 승자에 대해 불만과 적개심을 갖게 된다. 승패법은 힘을 바탕으로 하고 있기 때문에 힘이 강할 때는 이기게 되지만 힘이 약하면 언제든 질 수 있다는 사실을 전제하고 있다.

권위(힘)의 의미

① 1유형 권위(authority)
- 전문적인 지식과 경험에 기초
- 진정한 권위란 전문성으로 시간이 경과해도 그 영향이 감소하지 않는다.
② 2유형 권위(power)
- 상벌권을 행사할 수 있는 힘
- 권력에 기초

권위의 한계점

① 힘에 의한 권위는 점차 약화된다.
② 힘은 부정적이고 파괴적인 영향을 미친다.
③ 힘은 쓸수록 영향력이 줄어든다.

권위에 대응하는 대처기제

① 반항, 저항, 도전
② 보복
③ 거짓말, 감정 숨기기
④ 비난, 비밀 누설

⑤ 부정행위

⑥ 폭력 쓰기, 약자 골리기

⑦ 승패 논리(승에 대한 미화)

⑧ 조직하기, 동맹 맺기

⑨ 굴복 순응

⑩ 아첨

⑪ 타성(모험에 대한 두려움)

⑫ 중도 탈락, 포기, 후회

〈허용적 방법-제2의 방법〉의 문제점

〈권위적 방법-제1의 방법〉으로 힘을 사용할 수 없는 경우에는 그 대안으로 〈허용적 방법-제2의 방법〉 밖에 없다고 생각되어 왔으나, 부모로서는 좌절감이 커지는 방법이므로 더욱 수용이 어렵다. 결국 부모도 힘에 패하게 되면 앞에서 말한 힘에 대한 대처기제를 쓸 수밖에 없다. 이러한 양상은 힘에 대한 절대적 환상을 갖고 있어서 갈등해소를 위한 적절한 대안을 익히지 못한 경우에 선택하게 되는 대처기제로 볼 수 있다.

제3의 방법 : 무패법

1유형과 2유형의 해결방법은 우리 자신의 경험에 비추어 보더라도 결코 효과적인 갈등해결 방법은 되지 못한다. 여기에 대한 그 대안으로서 어느 쪽도 패배하지 않고, 상호 간의 욕구를 충족하는 갈등해결 방법이 바로 다음 페이지의 그림과 같은 제3의 방법인 무패법(no-lose method)이다.

효율적인 가정은 그 가정의 욕구와 가족 구성원의 욕구를 동시에 충족할 수 있어야 하는데, 이를 위해서는 무패적 방법에서 요구되는 기술의 습득과 함께 대인관계에서 융통성과 민감성을 발휘해야 한다. 결국 갈등이 발생할 경우에 서로가 상대방의 욕구를 존중함으로써 아무도 패배하지 않는 해결안을 찾기 위해 갈등 당사자들이 미리 예상되는 해결안을 염두에 두고 시작해서 상대방을 굴복시키기 위해 권력을 사용하는 방법이 아니라, 당사자들의 창의적 사고에 의해 갈등을 해결하는 개방적인 접근이 필요하다는 것이다.

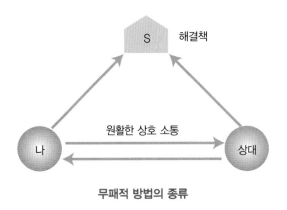

무패적 방법의 종류

이러한 무패법을 사용하려면 (1) 자신과 상대가 다름을 수용해야 하고, (2) 갈등의 특성을 이해해야 하며, (3) 효율적인 의사소통 방법을 사용할 수 있어야 한다.

수용의 원리

상대를 현재 있는 그대로 바라보고, 나와 다름을 받아들이는 것을 수용이라고 한다. 상대에게 수용을 실천하기란 결코 쉬운 일이 아니다. 다음의 활동을 통해 우리는 각자 다름을 실감함으로써 수용의 폭을 넓힐 수 있는 기회를 갖게 될 것이다.

갈등의 특성 이해

대부분의 사람들은 자신이 문제를 꽤 잘 해결한다고 생각한다. 결국 우리는 날마다 많은 문제를 해결하고 있는데, 의식적이건 아니건 우리는 모두 매우 유사한 과정을 사용하고 있다. 그 과정을 교육자인 John Dewey는 여섯 가지 기본 단계로 요약하였다.

1단계 : 문제 정의—문제를 실제로 이해하기 쉽게 한다.
2단계 : 가능한 모든 해결책을 생각해 낸다.
3단계 : 해결 가능성이 가장 높아 보이는 방법들을 점검한다.
4단계 : 최선의 방법을 결정한다.
5단계 : 그것을 시도해 본다.

6단계 : 문제가 해결되었는지 점검한다.

갈등은 종종 싸움과 감정, 그리고 승리와 패배를 낳으며, 그 결과 좋지 않은 감정으로 끝난다. 이러한 방식으로 갈등이 해결되어야만 할까? 대답은 확실히 '아니요'이다. 다음과 같은 갈등의 중요한 두 가지 특성을 명심하고 있으면 당신은 다른 문제를 해결하는 것과 마찬가지로 쉽게 갈등을 해결하는 방법을 배울 수 있다.

갈등의 특성 1 : 갈등은 문제해결 과정 4단계에서 나타나는 문제에 불과하다.
갈등의 특성 2 : 일반적으로 갈등은 적절하지 못한 시기에 다루어짐으로써 강한 감정을 유발한다. 사실상 이러한 감정은 문제를 해결하려는 시도가 있기 전에 먼저 다루어져야 한다.

따라서 성공적인 갈등해결을 위한 두 가지 비결은 첫째, 4단계나 5단계가 아니라 1단계부터 시작함으로써 갈등을 해결 가능한 문제로 전환해야 하고 둘째, 두 사람 모두의 욕구를 발견하고 초기의 갈등에서 생긴 강한 감정을 조정하기 위해 공감적 경청과 나-메시지를 사용해야 한다.

효율적인 의사소통 능력

무패적 방법을 활용하기 위해서는 효율적인 의사소통 능력이 필수적이다. 여러 가지 의사소통 기법 중 여기에서는 갈등해결 과정에 필수적으로 활용할 관심 기울이기와 의사 확인 기법을 잠시 살펴보고자 한다.

관심 기울이기

관심 기울이기의 세 가지 요소

이야기를 잘하는 사람은 이야기를 잘 들어 주는 사람이라는 말이 있다. 그래서 우리는 어릴 적부터 "사람은 자고로 남의 말을 잘 들어 주어야 해."라는 말씀을 부모님이나 선생님으로부터 종종 들어 왔다. 거의 모든 사람은 이 말에 동의할 것이다. 그런데 실제로 어떻게 하면 남의 이야기를 잘 들어 주는 것인지 아는 사람은 드물다. 구체적으로 배워 본 적이 없기 때문이다. 그래서 사람들은 관심 기울이기의 당위성에는 동의를 하면서도 그 방법을 몰라 실천을 하는 데 어려움을 겪는 것이다.

그러면 구체적으로 어떻게 하는 것이 제대로 관심 기울이기를 하는 것일까? 관심 기울이기에 관한 많은 연구가 있으며 여기에는 시선, 음성, 자세, 몸짓, 그리고 표정 등 여러 가지 태도에 대해 기술하고 있다. 이 중에서 핵심적인 요소를 세 가지로 정리하면 다음과 같다.

- 시선의 접촉 : 일단 이야기를 하는 상대방을 바라보아야 한다. 얘기를 하는데 엉뚱한 곳을 보고 있다면, 상대방은 자신이나 자신의 말이 무시당하고 있다고 생각하고 자존심이 상할 것이다. 그리고 이후로는 상대하길 꺼리게 될 것이다. 다만, eye-contact라는 말처럼 너무 상대의 눈을 응시하면 우리 사회에서는 부담스러워할 수 있으니 얼굴을 바라본다는 생각으로 대한다면 좋을 것이다.
- 올바른 자세 : 눈뿐만 아니라 몸 전체가 얘기하는 상대방을 향하도록 하는 것이 좋다. 기왕이면 얘기하는 상대방 쪽으로 상체를 약간 기울인다면 더 좋을 것이다. 중요한 것은 상대로 하여금 자신의 말을 열심히 들어 주고 있다는 느낌을 갖도록 하는 것이다.
- 적절한 言·動 반응 : 상대가 얘기할 때, "예.", "네.", "그렇죠.", "아, 그랬습니까?" 등과 같은 말로 반응을 보인다면 상대는 얘기하는 데 더욱 신이 날 것이다. 마찬가지로 수긍이 갈 때는 고개도 끄덕이고, 의문스러우면 고개를 젓거나 손을 들어 질문을 하고, 얘기가 재미있을 때는 웃고, 심각한 얘기를 할 때 함께 걱정해 주면 상대는 진심으로 자신과 자신이 말하는 내용이 관심을 받고 있음을 느끼게 될 것이다.

<mark>관심 기울이기 실습</mark>

관심 기울이기는 하나의 습관이다. 단순히 머리로 알았다고 즉각적으로 되는 것이 아니다. 수영교본을 몇 권 외우더라도 몸으로 익히지 않으면 소용이 없는 것과 같은 이치이다. 반복체험을 통해 자신의 것으로 만들어야 한다.

의사 확인

<mark>의사 확인의 의미와 목적</mark>

의사 확인이란 상대방이 전달하고자 하는 생각, 정보 또는 의견을 그가 의도한 바 그대로 내가

정확하게 이해하고 있는가에 대하여 확인해 보는 기법이다. 우리는 상대방과 대화를 할 때, 때때로 그가 전달하려고 하는 메시지를 끝까지 정확하게 알아들으려고 하기보다는 상대방의 말이 끝나기가 바쁘게, 때로는 채 끝나기도 전에 우리의 생각을 주장하기 위한 말을 준비하는 데 신경을 쓰게 된다. 그 결과 상대방이 전달하고자 하는 내용의 앞부분만을 듣고 그것을 토대로 하여 우리의 생각을 주장하거나, 아니면 그가 전달하고자 하는 진정한 의사를 정확히 이해하지 못한 채 우리의 주관적 가치관에 입각한 동문서답식 반응을 할 가능성이 많다.

우리는 흔히 타인의 메시지 내용을 정확하게 이해하지 못하거나 잘못 이해했기 때문에 의사소통에 있어서 큰 문제가 발생하는 것을 보았다. 의사 확인은 이와 같은 오해들을 밝혀 줌으로써 의사소통 및 인간관계 증진의 기회를 제공해 준다. 의사 확인의 목적은 상대방이 말하고 있는 내용 자체에 대하여 정확히 이해하려는 동시에 그렇게 하기 위하여 애쓰고 있는 우리의 노력까지도 그에게 전달하려는 데 있다.

의사 확인의 방법

효과적인 의사 확인은 구체적이어야 한다. 그리고 그것은 타인의 생각을 우리 자신의 생각으로 고쳐서 진술하는 형식으로 이루어져야 한다. 예를 들어 김 씨가 "이 씨는 지배인으로서는 적합하지 않아요."라고 말했을 경우,

- 의사 확인 1 : "당신의 말씀은 이 씨가 지배인 자격이 없는 분이라는 뜻입니까?"(이것은 지나치게 일반적이고 막연한 의사 확인으로서 구체성이 결여되었다.)
- 의사 확인 2 : "당신의 말씀은 이 씨가 부정직하다는 것을 뜻하십니까?"(이것은 구체적인 의사 확인이다. 만약 이 확인이 김 씨의 의사에 반(反)한다 하더라도, 김씨는 "아니요, 이 씨는 정직합니다. 그러나 그는 계획성이 없고 또 해야 할 일들을 잘 잊어버립니다."라고 고쳐서 답을 해 줄 것이기 때문에, 이런 식의 의사 확인은 '적합하지 않다'는 김 씨의 의사를 명료히 하는 결과로 이끌어 주게 되는 것이다.)

의사 확인의 실습

상황 한 학생이 자신의 성적으로는 합격하기 어려운 대학의 진학원서를 갖고 와 "떨어져도 좋으니 써 주세요."라고 말한다.

비효과적인 반응 : 무엇이든 자기 분수에 맞게 행동해야지! 욕심내면 너뿐 아니라 네 부모님도 고생이야!

효과적인 반응 : 그 대학을 꼭 가고 싶고, 안 되면 재수라도 하겠단 말이지?

상황 4년제 대학에 들어가기엔 성적이 못 미치는 듯한 학생이, "공부하면 뭐 합니까? 대학도 못 들어가는데!"라고 말한다.

비효과적인 반응 : _____

효과적인 반응 : _____

김 선생이 동료인 박 선생에 대해 "박 선생은 애당초 교사가 되지 말아야 했을 것을!"이라고 말한다.

비효과적인 반응 : _____

효과적인 반응 : _____

실습 2

먼저 직업이나 가정생활에 관계되는 것으로서 타인에게 의사 전달하는 데 어려움을 느끼는 문제를 하나 생각해 내도록 한다. 그리고 난 후 세 사람이 한 조가 되어 각각 다음의 모든 역할을 차례로 맡아서 연습하도록 한다.

- 의사 전달자 : 생각을 표현하려고 노력한다.
- 의사 수취자 : 관심을 기울이고 경청한 후 의사 확인을 한다.

● 관찰자 : 의사 확인이 효과적인지 관찰하고 피드백한다.

매회 역할놀이 연습이 끝나면, 세 사람이 상호 간의 의견을 교환함으로써 도움을 주고받을 수 있도록 한다.

실습 3

① 먼저 새로운 3인조를 구성하게 한 후, 그 세 사람 중 한 사람은 관찰자-조력자(C)가 되고 다른 두 사람은 대화자(A, B)의 역할을 맡는다.
② 두 사람은 무슨 내용의 대화이든 상관없으나 어떤 문제에 대하여 2~3분간 대화를 해야 한다.
③ A가 B에게 자신의 의견을 이야기하면, B는 이에 대한 자신의 의견을 말하기 전에 반드시 A의 이야기 내용에 대해 의사 확인을 해야 한다. 그런 후에 B 자신의 의견을 이야기할 수 있다.
④ B의 의견 발표가 끝나면 A도 먼저 반드시 B의 말에 대한 의사 확인을 하여 B가 무슨 뜻으로 그런 말을 했는지 확실히 알아본 후 자신의 의견을 진술한다.
⑤ 이렇게 2~3분간 대화가 계속되도록 한다. 이때 C는 A, B 두 사람의 상호작용을 주의 깊게 관찰하면서, 두 사람이 의사 확인을 하지 않고 자기의 의견을 표시하거나 의사 확인이 효과적이지 않다고 생각될 경우 언제든지 중단시키고 지적해 주거나 수정해 주어야 한다.

〈무패법-제3의 방법〉의 의미와 갈등해결의 6단계

〈무패법-제3의 방법〉의 의미

(1) 욕구가 충돌하는 갈등 상황에서 당사자가 모두 함께 갈등해결에 참여하여 양쪽 모두 받아들일 수 있는 해결책, 즉 어느 쪽도 패배하지 않는 방법을 찾는 것이다.
(2) 〈무패법-제3의 방법〉은 하나의 과정이다. 목표는 어느 쪽이 가장 좋은 해결책을 제시하느냐에 있는 것이 아니라 양쪽이 다 받아들일 수 있는 해결책을 찾는 데 있다.

경쟁이 아니라 <u>협동</u>이 문제를 잘 해결할 수 있는 최선의 방법

(3) 필수조건

① '공감적 경청'에 대한 기술(진심으로 공감할 수 있는 능력)

② 자신의 욕구를 잘 전달하는 '나–메시지' 기술

③ 힘과 권위에 의존하지 않겠다는 의지

④ 〈무패법–제3의 방법〉에 의한 민주적 문제해결 가능성에 대한 확신

⑤ 평상시 쌓인 우호감, 상호 신뢰감

⑥ 6단계 문제해결에 필요한 시간 확보

갈등해결 과정의 6단계

John Dewey의 '갈등해결 6단계설'을 Thomas Gordon이 인간관계에서의 갈등해소에 적용하도록 지침을 만들었다.

1단계 : 문제(욕구) 정의하기

만약 당신이 당신의 문제를 정확하고 분명하게 정의할 수 있다면 문제의 반은 이미 해결한 것이다. 문제(욕구)를 정확하게 이해하는 1단계가 가장 중요하다.

① 〈무패법–제3의 방법〉을 이해할 때까지 문제를 해결하려는 시도를 하지 않는다.

② 갈등 상황에 직접적으로 관계된 사람만 갈등해결 과정에 참여시킨다.

③ 강요가 아닌 자발적 참여가 이루어져야 한다(참여의 원칙).

④ 충분한 시간이 있을 때 시도한다.

⑤ 공감적 경청으로 상대가 원하는 바(욕구, need)를 충분히 표현하도록 도와준다.

⑥ 나–메시지로 자신의 욕구를 전달한다(너–메시지 피함).

⑦ 자신의 욕구를 표현할 때 해결책은 제시하지 않는다. 해결책 제시는 2단계에 가서 한다.

⑧ 양쪽의 욕구가 분명해질 때까지는 2단계로 가지 않는다.

⑨ 1단계는 해결책의 경합이 아니라 각자 원하는 바가 무엇인지 정의를 내리는 단계임을 염두에 둔다.

⑩ 문제를 제기할 때는 개방적 질문의 활용이 바람직하다('더 나은 방법이 있는가?', '~에 대해 무엇이 문제인가?', '~에 대해 더 나은 대안을 찾아보자' 등).

2단계 : 가능한 해결책 제시하기(brain-storming)

문제나 욕구가 정확하게 정의된 다음에는 교사와 학생이 함께 그 해결책을 제안할 수 있다. 가능한 한 학생들이 먼저 제안할 수 있도록 한다.

① 제안한 해결책은 평가하지 않는다(평가는 3단계에서 한다).
② 가능한 한 여러 가지 다양한 해결책이 나오도록 엉뚱한 아이디어라 할지라도 모두 기록한다.
③ 모든 제안은 수정하지 않고 기록한다.
④ 그 제안에 대해 이유나 근거를 캐묻지 않는다.
⑤ 모든 사람의 참여(idea, 제안)를 권장하되, 강요하지 않는다.
   (이제까지 생각해 내지 못한 방법들이 더 있는가?)
⑥ 진행이 지체될 경우 "또 다른 방향으로 생각해 볼 수 있을까?"와 같은 질문으로 주위를 환기시킨다.

brain-storming의 여덟 가지 지침

① 외부 방해를 최소한으로 줄여 주의집중이 쉬운 환경을 만든다.
② 구체적인 문제가 무엇인지 결정한다.
   (예 : 교실에 있는 기물들을 어떻게 하면 보다 효과적으로 보관 혹은 다룰 수 있을까?)
③ 언제 혹은 어느 때 할 것인지 소요시간 등을 정한다.
④ 제시되는 모든 아이디어를 기록한다(녹음도 가능).
⑤ 가능한 한 많은 아이디어를 내놓는다.
⑥ 실제적이거나 실용적인가에 초점을 두지 않고 비현실적인 아이디어라도 모두 제시하도록 촉진한다.
⑦ 평가는 하지 않는다(평가는 다음 단계이며 brain-storming 과정이 진행되는 동안에는 하지 않는다).
⑧ 생각의 틀을 때때로 변화시켜 본다.

3단계 : 해결책 평가하기

자신의 진실된 욕구에 맞추어 평가를 정직하게 해야 한다.

① 개방적 질문으로 생각이나 느낌을 자유롭게 말할 수 있도록 한다.

("이제 이 해결책들 중 어느 안에 찬성하는지 말해 보자.", "이 아이디어들에 대해 어떻게 생각하니?", "~에 대해 좋은 생각이 있을까?", "다른 방안을 함께 찾아 보자." 등)

② 부정적 평가를 받은 해결책을 삭제해 나간다.

③ 부모는 공감적 경청을 사용하여 표현된 생각이나 느낌이 모두에게 잘 이해될 수 있도록 돕는다(촉진자 역할).

④ 부모나 자녀 모두 자신이 진정 받아들일 수 없는 안에는 정직하게 반대를 표시한다.

⑤ 부모가 찬성할 수 없는 안에 대해서는 "~때문에 나는 받아들일 수가 없어.", "~로 인해서 그 해결책이 내게는 수용되기 어려워." 등 나-메시지로 표현한다.

⑥ 모두가 동의하는 합리적인 해결책이 나올 때까지 각자의 의견을 충분히 말할 수 있는 시간을 준다. 누군가 아무 의견도 표현하지 않는다면 그가 말을 할 수 있도록 격려와 배려가 필요하다.

4단계 : 최선의 해결책 결정하기

3단계까지 잘 진행되었다면 4단계 해결책 결정이 쉬워진다. 결정하기 어려운 경우가 생길 때 유의할 점은 다음과 같다.

① 투표는 승자와 패자를 갈라놓는다. 진 사람은 실행 과정에 적극적으로 참여하지 않는다(가위바위보로 정하는 경우도 마찬가지다).

② 제안된 해결책 결과에 대해 하나하나 가정해 본다(이 해결책을 시행하면 어떤 결과가 일어날까? 모든 사람이 만족할 수 있는가? 나올 수 있는 경향이나 허점은 무엇일까?).

③ 모든 참가자가 실행해 보자고 합의하기 전까지는 그 해결책을 채택하지 않는다. "모두 ○번의 해결책에 동의하는 것 같은데 혹시 반대 의견을 가진 사람이 있나요?"라고 질문함으로써 확실한 합의를 이루어 낸다.

④ 합의된 해결책은 기록한다(약속장 만들기). 그리고 합의된 사항에 대해 부모와 자녀 모두가 서명한다. 서명할 때 주저하는 사람이 있으면 공감적 경청으로 그의 생각, 느낌을 확인해 본다.

누구도 집단의 압력에 굴복이나 항복하는 일이 있어서는 안 된다.

5단계 : 구체적 실행계획과 실천하기

문제의 해결책 이상으로 그 해결책을 실행하는 계획도 중요하다. 누가, 무엇을, 어떻게 할 것인가를 결정해야만 실행에 옮기는 데 성공할 수 있다.

① "부모는 실행하기 위해 무엇이 필요한가? 누가 무슨 책임을 지고 언제까지 할 것인가?"와 같은 질문으로 실행계획을 세우도록 돕는다.
② 수행의 기준을 설정하는 것이 좋다. 집 안을 깨끗이 유지하는 해결책에서 어느 정도 깨끗하면 될 것인가에 대해 모든 사람이 받아들이는 청결 기준을 설정한다.
③ 누가, 언제, 무엇을 할 것인가에 대한 결정사항을 기록한 약속장에 명시한다. 가족 중 한 사람을 확인자로 선정하여 진행 과정을 확인하거나 관련 가족에게 만료일이 임박했음을 알려 주도록 하는 것도 효과적이다.

6단계 : 결과를 평가하기(재평가 단계)

실천 결과의 효과를 확인해 보는 단계이다.

① 문제가 해소되었는가?
② 문제를 개선하는 데 진전이 있었는가?
③ 우리 모두 만족하는가?

유의점

갈등의 해소, 즉 고민과 불평과 부정적 느낌의 근본 원인이 없어졌는지 여부가 무패법-제3의 방법의 효율성을 평가하는 확실한 기준이 된다.

① 실천 가능한 약속을 하는 것이 중요하다. 실천 가능하다고 생각했던 해결책이라도 실행 과정에서 어려움을 겪을 수 있다.

② 해결책이 실패할 경우 1단계에서 욕구 확인을 다시 해 보거나, 해결책 수집을 더욱 다양하게 하거나, 수행계획에서 무리한 점이 있었는지 찾아본다.

③ 상황이 바뀌면 욕구도 바뀔 수 있다. 결정된 사항이 최선의 방법이거나 절대적인 것이 아닐 수 있다는 것을 염두에 두고 항상 재평가하여 보다 나은 해결책으로 나아갈 자세가 되어야 한다.

④ 해결책이 실패할 경우, 상대의 잘못이 아니라 결정안 그 자체에 문제가 있었다는 것에 초점을 두어 더 나은 방안이 되도록 수정 보완하여 다시 실행하고 결과를 재평가해 보는 기간과 날짜를 정하여 제2차 평가일을 적는다.

무패법–제3의 방법 요약

준비 단계

① 무패법–제3의 방법에 대한 설명
② 충분한 시간 확인
③ 필기구 준비와 눈높이 맞추기(존중감 주기)
④ 서로 문제 없는 영역인지 확인

1단계(욕구 정의)

① 공감적 경청으로 상대의 욕구 파악
② 나–메시지로 나의 욕구 전달
③ 양자의 내면 욕구(need)를 정리, 기록

2단계(해결책 제시)

① 서로 자유로운 발상 내놓기
② 어떤 경우에도 '평가'하지 않기
③ 가장 창조적이고 개방적인 부분

3단계(평가)

① 평가할 때는 각자의 내면 욕구(need)에 정직
② 실행이 어려운 안은 실행 가능한 해결책으로 수정 보완
③ 반대의 경우 충분한 설명을 해 주는 배려

4단계(결정)

① 두 사람 모두 찬성한 안(○, ○) ⇒ 최선책
② 한 사람 찬성, 다른 사람 중간 입장(○, △) ➡ 차선책
③ 최선책과 차선책이 없는 경우는 1단계(욕구 정의) 또는 2단계(brain-storming)를 다시 해 본다.
④ 한 사람의 욕구가 좌절되는(○, ×/×, ○) 안은 절대로 선택하지 않는다.
⑤ 각각 결정안을 적은 약속장을 1장씩 갖는다(가족 전원이 참여한 경우에는 다른 형태도 가능).
⑥ 반드시 재평가일(날짜, 시간, 장소)을 구체적으로 기입한다(1주 내외). 기간이 너무 길어지면 실패할 기회가 많아져서 성취감을 갖기 어렵고 서로 비난의 기회를 갖게 되기 쉽다.

5단계(실행)

① 구체적 계획 수립
② 잔소리/지적 등을 하지 않아야 재평가일에 새로운 해결책 제시 가능
③ 약속을 잊으면 한 번만 나-메시지로 전달
④ 잔소리는 불신을 의미하므로 원망과 의존성만 유발한다.

6단계(재평가)

① 실행하기 어려웠던 부분을 실행 가능한 계획으로 조정(수정 보완)한다.

② 새롭고 창의적인 시각으로 문제를 다시 본다.

③ 제2차 재평가일을 다시 정한다(1~2주 정도).

> **주의점**
>
> ① 사전에 상대의 욕구를 잘 파악할 수 있도록 충분히 공감적 경청으로 대화하는 방법과 자신의 욕구와 감정을 전달할 수 있는 나-메시지로 표현하는 기법을 익혀야 한다.
> ② 서로가 편안하고 시간적 여유가 있는 '문제 없는 영역'에서 시작한다.
> ③ 미리 정해진 해결책을 갖고 시작하지 않는다(개방적 자세 필요).
> ④ 평소에 관계를 증진시키도록 많은 노력을 하여 상호 존중감과 신뢰감이 쌓이도록 노력할 때 보다 합리적인 제안이 가능해진다.

무패법–제3의 방법 사례

사례 1 : 정서장애가 있는 학생 수연이의 문제

대상 : 정서장애가 있는 중학교 2학교 여학생

상황

• 수업 시간 중에 자리에 잘 앉아 있지 않고, 노래를 부르거나 다른 이야기를 하면서 다른 애들을 귀찮게 함

• 쉬는 시간에 교무실에 와서 선생님에게 필요 없는 말을 많이 하고 귀찮게 함

1단계 : 욕구 정의

교사

1. 수업 진행에 방해가 되지 않았으면 좋겠다.

2. 다른 사람에게 거부감을 주지 않고, 반 친구들과 원만하게 지내면 좋겠다.

1. 자유롭고 싶다. 마음대로 하고 싶다.

2. 인정받고 싶다. 학교생활이 힘들다. 지켜야 할 일, 해야 할 일이 너무 많다.

2~3단계 : 해결책 제시 및 평가(★는 해결책으로 결정된 것임)

번호	내용	평가				
		교사	학생 1	학생 2	학생 3	학생 4
1★	자리에 앉아서 수업을 잘 들을 경우 교사가 긍정적인 메시지를 전달	○	○	○	○	○
2★	마음이 맞는 친구와 같이 앉기	△	○	○	○	○
3	한 시간 동안 수업 바르게 하면 원하는 활동을 할 시간을 주기	X	○	○	○	○
4★	숙제의 양·질을 따로 조정해 주기	△	○	○	○	○
5★	공부 시간에 자기가 원하는 공부를 하도록 배려해 주기	○	○	○	○	○
6★	담임선생님 혹은 자신이 좋아하는 선생님과 하루에 한 번씩 규칙적으로 상담하기(상담 수첩을 만들어서 구체적인 계획을 기록하도록 함)	○	○	○	○	○
7★	학급 내에서 자신의 역할 정하기(학습부장, 청소반장, 교무실 시간표 변경 확인하기)	○	○	○	○	○
8	채팅이나 이메일을 통해 대화 상대를 찾아주기	X	○	○	○	○
9	자기가 잘하는 일을 활용하도록 하기(만화 그려서 게시판 꾸미기)	○	△	○	○	△
10★	반 친구들, 동료 교사들이 '공감적 경청, 나-메시지'를 연수하여 생활에서 활용하기	○	○	○	○	○
11	심리검사와 상담 권유하기	X	X	○	○	△

재평가일

1차 재평가일 : 2월 7일(3일 뒤) 방과 후, 교실

2차 재평가일 : 2월 14일(1주일 뒤) 방과 후, 교실

약 속 장

첫째, 자리에 앉아서 수업을 잘 들을 경우 교사가 긍정적인 메시지를 전달한다.

둘째, 마음이 맞는 친구와 같이 앉도록 한다.

셋째, 숙제의 양·질을 따로 조정한다.

넷째, 공부 시간에 수연이가 원하는 공부를 하도록 배려해 준다.

다섯째, 담임선생님 혹은 수연이가 좋아하는 선생님과 하루에 한 번씩 규칙적
으로 상담하도록 한다(상담 수첩을 만들어서 구체적인 계획을 기록하도록
한다).

여섯째, 학급 내에서 자신의 역할을 정하여 성실하게 수행한다.

일곱째, 반 친구들, 동료 교사들이 '공감적 경청, 나-메시지'를 연수하여 생활
에서 활용하도록 한다.

※ 재평가일

1차 재평가일 : 2월 7일(3일 뒤) 방과 후, 교실

2차 재평가일 : 2월 14일(1주일 뒤) 방과 후, 교실

선생님 ○○○

학　생 이수연

사례 2 : 지각을 자주 하는 초희의 문제

대상 : 우리 반 초희

상황 : 학기 초부터 지각이 잦아 여러 번 상담도 하고 주의도 주었지만 여전히 거의 매일 지각을 해 아이들에게 지각생이라는 인상이 찍힌 상태다. 처음에는 집이 좀 멀어서 버스를 타고 다니니까 이해 해 주려 했지만 '사고지각'이 되면 내신에도 문제가 생기므로 부모님과 통화하여 의논하기로 했다.

준비 단계

선생님 : 초희가 지각을 많이 해서 선생님이 초희와 이 문제를 좀 의논해 보고 싶은데, 초희는 언제가 좋을까?

초   희 : 방과 후요.

선생님 : 방과 후에 조금 늦게 집에 가도 되겠니?

초   희 : 네.

선생님 : 그래. 그러면 방과 후에 선생님이랑 조금 얘기해 보자.

초   희 : 네.

(방과 후)

선생님 : 초희가 집이 멀어 아침에 버스 타고 학교 다니느라고 힘들지?

초   희 : 예, 조금 힘들어요.

선생님 : 그래, 초희 집이 수비사거리지? 거기서 학교 오려면 115-1번 버스를 타야 하는데, 그 버스가 잘 안 오니 아침에 자주 지각을 하게 되는구나. 그런데 초희가 이렇게 자주 지각을 하니 선생님이 자꾸 초희를 지적해야 하고, 또 어제는 사고지각까지 되니까 나중에 고등학교 갈 때 내신에 문제 도 생길 수 있어 걱정이야.

초   희 : 예, 저도 지각하고 싶지 않아요.

선생님 : 그래, 그래서 오늘 그 문제를 의논해 보고 서로 좋은 방법을 찾았으면 해. 선생님이 요즘 새로 배 운 방법인데 너도 좋고 나도 좋은 방법을 찾아보는 거야. 한번 얘기해 보자.

초   희 : 예!

1단계 : 욕구 정의

선생님 : 선생님은 초희가 8시 40분까지 교실에 와서 지각이 체크되지 않았으면 좋겠어. 지각을 하면 칠

판에 하루 종일 지각생으로 이름이 적히니까 애들한테 이미지도 나빠지고, 습관이 되지 않을까 걱정이거든. 사고지각으로 내신에 불리해질까 염려도 되고.

초　희 : 아침에 늑장을 좀 부려서 그래요. 늦게 일어나기도 하고요.

선생님 : 그러면 선생님은 초희가 8시 40분까지 교실에 와서 사고지각으로 내신에 불리해지지 않았으면 하고(나의 욕구), 초희도 지각하지 않는 것을 원하지만 아침에 잠을 더 자고 싶다는 거야(초희의 욕구). 그렇지?

초　희 : 네!

2단계 : 해결책 제시

선생님 : 일단 학교까지 오는 데 걸리는 시간을 한번 정리해 보자. 버스를 타면 보통 몇 분 걸리지?

초　희 : 10분에서 막히면 20분 정도요.

선생님 : 그럼 버스정류장까지는 몇 분이나 걸리니?

초　희 : 10분 정도요.

선생님 : 그러면 집에서 정류장까지가 10분, 버스에서 넉넉 잡아 20분, 내려서 교실까지 오는 데 걸어서 10분 정도 걸리니까 총 40분 정도 걸리네?

초　희 : 네.

선생님 : 그러면 우리 학교 등교시간이 8시 40분까지니까 8시 전에 출발을 해야 지각을 하지 않겠구나.

초　희 : 네.

선생님 : 그러면 초희가 아침에 보통 몇 시에 일어나면 지각을 하지 않을까?

초　희 : 7시쯤 일어나면 되는데 7시 25분쯤 일어나서 자주 지각을 해요.

선생님 : 그러면 지각하지 않는 방법을 생각나는 대로 한번 얘기해 보자.

초　희 : ① 일찍 일어나면 돼요. 7시쯤요.

선생님 : 그래, 그러면 되겠지. 일단 적자. 또 어떤 방법이 있을까?

초　희 : ……

선생님 : ② 전날 밤에 모든 준비를 끝내고 자면 어떨까? 교복이나 양말, 책가방을 모두 챙겨 놓고 머리도 밤에 감아 말리고 자면 다음 날 조금 늦게 일어나도 될 것 같은데. 일단 적을게.

초　희 : 네.

선생님 : 아침은 먹고 오니?

초　희 : 거의 안 먹어요.

선생님 : 밥은 먹고 다니는 게 좋을 텐데. 밥은 미리 먹어 둘 수 없으니 아침에 가능하면 밥을 먹는 게 좋겠다.

초　희 : 네!

선생님 : 엄마가 아침에 깨워 주시진 않니?

초 희 : 엄마는 집에 안 계세요.

선생님 : 그렇구나. 그럼 오늘은 어떻게 일어났니?

초 희 : 아빠가 깨워 주셨어요. 아빠가 일 안 가시는 날은 아빠가 깨워 주신댔어요.

선생님 : 그렇구나.

③ 그러면 아빠가 아침에 일찍 깨워 주시는 것도 좋겠다.

초 희 : 네, 안 가시는 날은 깨워 주실 수 있는데, 일을 일찍 나가시는 날은 전화를 해 주세요.

선생님 : 또 다른 방법은 없을까?

초 희 : ④ 알람을 맞춰 놓고 자면 돼요. 알람 소리에 잠이 깨요.

선생님 : 그래. 알람을 맞춰 놓으면 일찍 일어나겠구나. 또 준비하는 시간을 줄일 수 있는 방법은 없을까? 잠을 더 자고 싶기도 하잖아.

초 희 : ⑤ 7시 10분쯤 일어나서 서둘러 준비하는 거요. 사실 아침에 TV 본다고 꾸물거리거든요.

선생님 : 그래, 아침에 TV를 안 보고 빨리 준비하는 것도 좋겠네.

⑥ 버스 기다리는 시간도 많이 걸리니까 버스가 오는 시간을 미리 알아 두면 어떨까? 버스가 오는 시간에 맞춰 나가면 기다리는 시간을 줄일 수 있잖아.

초 희 : 네, 좋아요.

선생님 : 이제 더 이상 없나? 그럼 이제 다음 단계로 넘어가 볼까?

초 희 : 네.

3단계 : 해결책 평가

① 7시에 일어난다(초희○, 선생님△).

② 전날 밤에 모든 준비를 끝낸다(○, ○).

③ 아빠가 깨워 주신다(○, ○).

④ 알람을 맞춰 놓고 잔다(○, ○).

⑤ TV를 보지 않고 서둘러 준비한다(○, ○).

⑥ 버스 시간을 알아 둔다(○, ○).

⑦ 친구랑 만나서 같이 온다(×, ○).

4단계 : 해결책 결정

선생님 : 우리가 낸 의견에 거의 다 동의하네. 다 지킬 수 있겠어? 일찍 일어나는 것은 힘들 텐데.

초 희 : 그래도 알람을 맞춰 놓으면 일어날 수 있어요.

선생님 : 전날 밤에 준비도 끝내 놓고?

초 희 : 네. 좋을 것 같아요.

선생님 : 그래, 그러면 일단은 우선순위를 정해서 아빠가 깨워 주시거나 알람을 맞춰 7시에 일어나는 것을 우선으로 하고 다른 것도 함께 해 보는 게 어때?

초 희 : 네, 좋아요.

선생님 : 그래, 그럼 선생님이 지금 약속장을 출력해서 줄 테니 우리 서명하고 이번 주 금요일 방과 후에 결과를 평가해 보자.

초 희 : 네.

5단계 : 해결책 실행

그날 이후 평가일까지 3일간 지각하지 않았음

6단계 : 실행 결과에 대한 평가

선생님 : 와, 한 번도 지각을 안 했구나. 어땠니? 일어나기 어렵지 않았어?

초 희 : 힘들었지만 일어났어요. 알람 맞춰서.

선생님 : 전날 등교 준비도 하고?

초 희 : 아니요. 아침에 준비했는데, 일찍 일어나서 서둘러 준비했어요.

선생님 : 초희가 이렇게 약속한 대로 실행하려고 노력해 주니 참 기쁘고 고맙다.

약 속 장

선생님 : 초희가 8시 40분까지 교실에 오는 것을 원함

초　　희 : 조금 더 자고 싶으나 지각하고 싶지 않음

1. 아빠가 깨워 주시거나 알람을 맞추어 7시에 일어난다.

2. 가능하면 전날 등교 준비를 마친다(수업 준비물 교과서 챙기기, 교복 스타킹 찾아 두기, 머리 감고 말리고 자기).

3. 아침에 일어나면 TV 보지 않고 서둘러 준비한다.

4. 버스 시간을 미리 알아 두어 시간을 맞춰 나간다.

※ 재평가일 : 금요일 방과 후 실천 결과를 평가한다.

선생님 ○○○

학　생 김초희

사례 3 : 남편의 음식물 쓰레기 버리기

> 상황 : 남편이 가사 분담으로 맡은 음식물 쓰레기 버리기를 잘 하지 않아 아내가 잔소리를 많이 하게 되고 그 때문에 부부 관계에 갈등이 있음

1단계 : 욕구 정의

아내

① 가사 분담으로 맡은 일을 내가 신경 쓰지 않아도 책임감 있게 처리하는 믿음직한 남편을 원한다.
② 음식물 쓰레기가 쌓이면 냄새도 나고 불결하고 비위생적이어서 가족들의 건강이 걱정된다.

남편

① 시간적 여유가 없어 부담스럽다.
② 믿고 기다려 주면 좋겠다.

2~3단계 : 해결책 제시 및 평가

남편, 아내

① 큰 쓰레기통을 사기(○, △)
② 미리미리 버리라고 말하고 정리해 주기(○, ○)
③ 1회 미루어도 비난 않고 나-메시지로 알려 주기(○, ○)
④ 잠자리에 들려고 할 때는 말하지 않기(○, ○)
⑤ 특별한 사정이 있을 때 미루게 해 주거나 대신 해 주기(○, ○)
⑥ 다른 일과 연관 지어 비난하지 않기(○, ○)
⑦ 메모판 붙이기(○, ○)
⑧ 아내가 대신 해 주면 긍정적인 메시지 표현하기(○, ○)
⑨ 아내가 대신 해 주면 보상하기(○, △)

약속장

1. 미리 미리 버리라고 얘기를 해 주고, 잠자리에 들고 난 후에는 말하지 않기

2. 1회 미룰 때는 잔소리나 비난하지 않고 기다려 주기

3. 특별한 사정이 있을 때는 미룰 수 있게 해 주거나 대신 해 주기

4. 아내가 대신 해 주었을 때 반드시 긍정적 메시지 보내기

5. 메모판을 붙여서 버리는 날짜를 공지해 주기

※ 1차 재평가일 : 다음주 금요일 저녁 식사 후, 거실

년　월　일

남편 ○○○

아내 ○○○

사례 4 : 학습 준비물 챙기기

대상 : 학급에서 수업 준비물을 잘 챙겨 오지 않아 늘 야단을 맞는 아이들

상황 : 수업 시간에 준비물을 자주 갖고 오지 않고 무기력하게 앉아 있어 수업의 진행이 어렵고 선생님에게 자주 야단을 맞음. 또한 다른 아이들의 준비물을 나누어 받아서 수업에 참여하여 다른 아이들에게도 눈총을 받으며 피해를 끼침

1단계 : 욕구 정의

Want

교사 : 수업 준비물을 잘 챙겨 와서 수업에 임했으면 좋겠음

아이들 : 수업 준비물을 잘 챙겨 와서 선생님께 야단맞지 않았으면 좋겠음

Need

교사 : ① 수업 준비물을 잘 챙겨 와 수업이 원활히 진행되었으면…

② 준비 습관이 형성되었으면…

아이들 : ① 수업 준비물을 잘 챙겨와 다른 사람에게 피해를 주지 않았으면…

② 수업 준비물을 잘 챙겨와 수행평가에서 불이익이 없고 야단맞지 않았으면…

2~3단계 : 해결책 제시 및 평가(★는 해결책으로 결정된 것임)

번호	내용	평가				
		교사	학생 1	학생 2	학생 3	학생 4
1★	알림장을 만들어 준비물을 적자.	○	○	○	○	○
2★	저녁에 자기 전에 알림장을 확인하자.	○	○	○	○	○
3★	컴퓨터 앞에 '준비물 챙기기'라고 적은 종이 붙여 두자.	○	○	○	○	○
4	부모님께 이야기하자 ― 준비물 목록 전달	○	○	○	△	△
5	눈에 띄는 색의 포스트 잇으로 집 안 곳곳에 붙이자.	○	△	×	×	×
6★	큰 글씨로 써서 잘 보이는 곳에 붙이자 ― 앗! 준비물은?	○	○	○	○	○
7	준비물을 안 챙겨 오면 수행평가 감점과 벌 청소를 하자.	○	×	×	△	△
8★	학급의 반장이 준비물을 칠판 구석에 적고 집에 갈 때 읽어 주고 또 집으로 독려의 전화도 해 주자.	○	○	○	○	○
9★	학교에서 학습 준비물을 사 주자.	○	○	○	○	○
10★	학급 카페에 올리고 메일을 보내고 휴대전화 카메라로 찍어 가자.	○	○	○	○	○

재평가일

1차 재평가일 : 1주일 뒤 방과 후

2차 재평가일 : 2주일 뒤 방과 후

(미술 시간이 1주일에 한 번 있어 재평가 기간을 1주일로 하였음)

약 속 장

첫째, 알림장을 만들어 준비물을 적자.

둘째, 저녁에 자기 전에 알림장을 확인하자.

셋째, 컴퓨터 앞에 '준비물 챙기기'라고 적은 종이를 붙여 두자.

넷째, 큰 글씨로 써서 잘 보이는 곳에 붙이자 ─ 앗! 준비물은?

다섯째, 학급의 반장이 준비물을 칠판 구석에 적고 집에 갈 때 읽어 주고 또
집으로 독려의 전화도 해 주자.

여섯째, 학교에서 학습 준비물을 사 주자.

일곱째, 학급 카페에 올리고 메일을 보내고 휴대전화 카메라로 찍어 가자.

※ 재평가일
1차 재평가일 : 1주일 뒤 방과 후
2차 재평가일 : 2주일 뒤 방과 후

학생 ○○○

학생 ○○○

학생 ○○○

학생 ○○○

사례 5 : 괴롭힘을 당하고 있는 승현이 문제

상황 : 중학교 1학년 학생인 승현이는 반에서 공부를 2~3등을 할 정도로 뛰어나고 온순하나 지각을 자주 하고 학생들에게 따돌림을 당함. 학교폭력 설문지 조사 시 자발적으로 급우 4명이 쉬는 시간마다 돌아 가면서 매점 심부름을 시킨다는 사실을 신고함으로써 담임 선생님이 알게 됨(교실은 5층 꼭대기에 있으나 매점은 지하 1층에 있어 매점에 갔다 오려면 쉬는 시간이 거의 다 소요됨).

1단계 : 욕구 정의

want

선생님   괴롭힘을 당하는 것을 해결해 주고 싶다.
학생   심부름에서 벗어나고 싶다.

need

선생님   학생들이 즐거운 학교생활을 했으면 한다.
          괴롭힘을 당하는 학생이 없었으면 한다.
학생   쉬는 시간에 놀고 싶다.
          자존심을 회복하고 싶다.

2~3단계 : 해결책 제시 및 평가

① 심부름을 시킬 때 '싫다'고 한다. (학생 △, 교사 ○)

② '왜'라고 내가 가야 할 이유를 묻는다. (×, ○)

③ 도움을 줄 수 있는 짝꿍을 붙여 준다. (○, ○)

④ 쉬는 시간마다 화장실에 가서 종 치면 들어온다. (○, ×)

⑤ 가해자들을 불러 다시는 이 같은 일이 없도록 주의를 준다. (×, ○)

⑥ 소리함을 만들어 부당한 일을 급우들이 신고하도록 한다. (○, ○)

⑦ 심부름을 시킬 때 담임선생님께 바로 신고하도록 한다. (×, ○)

⑧ 선생님이 상대 아이들의 욕구를 파악하여 바람직한 방법을 찾아본다. (○, ○)

⑨ 선생님이 피해자에게 공감적 경청법과 나-메시지를 가르쳐 주는 시간을 갖는다. (○, ○)

약 속 장

1. 도움을 줄 수 있는 짝꿍을 붙여 준다.

2. 소리함을 만들어 부당한 일을 급우들이 신고하도록 한다.

3. 선생님이 상대 아이들의 욕구를 파악하여 보다 바람직한 방법을 찾아본다.

4. 선생님이 피해자에게 공감적 경청법과 나─메시지를 가르쳐 주는 시간을 갖는다.

5. 심부름을 시킬 때 '싫다'고 한다.

※ 1차 재평가일 : 1주일 후 금요일 방과 후에 인성실에서 다시 만나기로 한다.

년   월   일

선생님 ○○○

학 생 최승현

사례 6 : 급식시간 배식 문제

상황 : 남녀공학에 다니는 문제 있는 중학교 3학년 여학생(영희)이 급식시간에 급식 순서, 급식 당번, 식사예절을 지키지 않아 나머지 급우들에게 피해를 주고 있음

1단계 : 욕구 정의

want

선생님 : 급식의 원활한 진행

영희 : 마음대로 하고 싶음

need

선생님 : 급식시간에 다른 급우를 배려하고 식사예절을 지키길 원함

영희 : 기다리지 않고 빨리 맛있는 것을 먹고 싶고, 때로는 편하게 손으로도 먹을 수 있으면 좋겠음

2~3단계 : 해결책 제시 및 평가

선생님, 학생

① 급식순서를 지키면 좋겠다. → 급식순서를 되도록 지킨다. (○, △)

② 맛있는 것은 할당된 양만큼만 가져간다. (○, ○)

③ 먼저 먹고 뒷정리한다. (×, ○)

④ 자기 몫을 먼저 담고 나머지를 급우에게 직접 배식한다. (×, ○)

⑤ 더 먹고 싶으면 다 먹고 나서 배식실에서 더 가져온다. (○, ×)

⑥ 수저를 가져온다. (○, ○)

⑦ 수저를 학교에 두고 다닌다. (○, ○)

⑧ 선생님이 수저를 선물한다. (○, ○)

⑨ 급식을 더 뜰 때는 배식 도구를 사용한다. (○, △)

⑩ 약속을 어길 시 다음 날은 마지막에 배식을 한다. (○, ○)

⑪ 잘 지켰을 경우 그 달의 성실상을 수여한다. (○, ○)

약 속 장

① 급식 순서를 되도록 지킨다.

② 맛있는 것은 할당된 양만큼만 가져간다.

③ 수저를 가져온다.

④ 수저를 학교에 두고 다닌다.

⑤ 선생님이 수저를 선물한다.

⑥ 급식을 더 뜰 때는 배식 도구를 사용한다.

⑦ 약속을 어길 시 다음 날은 마지막에 배식을 한다.

⑧ 잘 지켰을 경우 그 달의 성실상을 수여한다.

※ 재평가일
1차 재평가일 : 3일 뒤 방과 후 교무실
평가 :

2차 재평가일 : 1주일 뒤 방과 후 4시 교무실
평가 :

선생님 ○○○
학   생 김영희

무패적 방법 실습

상황 및 대상

1단계 : 문제(욕구) 정의하기

2단계 : 가능한 해결책 제시하기(brain storming)

3단계 : 해결책 평가하기

①

②

③

④

⑤

⑥

⑦

⑧

⑨

⑩

약 속 장

1.

2.

3.

4.

5.

※ 재평가일

1차 재평가일 :

평가 :

2차 재평가일 :

평가 :

년　월　일

ooo
ooo

5단계 : 구체적 실행계획과 실천하기

6단계 : 결과를 평가하기(재평가 단계)

* 모두 만족하는가?

* 수정 보완할 점은 무엇인가?

* 2차 재평가일 정하기

무패적 방법의 효과

① 상호 신뢰감과 우호감을 쌓는다.

양자 모두 만족하는 해결책은 한쪽이 패배감을 느낄 때 생기는 원망 대신에 대단한 신뢰감과 우호감을 상대에게 느끼게 되어 더욱 친밀하고 깊은 관계로 발전된다.

② 해결책을 실행하려는 동기가 증가한다.

'참여의 원칙'—자신이 의사결정에 참여했을 때 수행하려는 강한 동기를 갖게 됨—에 의해 결정 과정에 참여한 가족들은 그 결정에 대한 이해와 수용을 하며 또한 실행에 대한 책임을 진다.

③ 협동심을 기를 수 있다.

부모와 자녀 모두의 창의적 사고, 지식, 경험을 총동원하는 brain-storming 과정에서 흔히 독창적이고도 기발한 해결책이 나올 수 있다.

무패법—제3의 방법은 힘의 통합 과정(synergistic process)이다. 가족이 합심하여 문제를 여러 각도에서 보고 해결하려고 노력할 때, 생각지도 못했던 창의적인 해결책을 강구해 낼 수 있다는 것이 무패법—제3의 방법의 힘이다.

④ 설득이 필요 없다.

3단계(평가 단계)에서 양쪽이 모두 수용하는 최종 해결책을 결정하는 선에서 이미 양쪽 다 그 해결책을 받아들였기 때문에 설득을 위한 시간을 절약할 수 있다.

⑤ 힘이나 권위가 필요 없다.

무패법—제3의 방법의 가장 큰 이점은 힘을 사용하여 자기파괴적이거나 관계를 깨뜨리는 대처기제를 사용할 필요가 없다는 점이다.

힘에 대한 자녀들의 대처기제로 사용되는 행동들인 공격, 보복, 파괴, 익살, 규칙 무시, 괴롭히기, 책임전가, 거짓말, 강요, 밀치기, 때리기 등 부모의 권위에 대항하기 위한 소란스럽고 파괴적인 행동을 덜하게 된다.

⑥ 자녀는 부모를, 부모는 자녀를 더욱 좋아하게 된다.

승승법은 상호 존중감과 신뢰감을 기본으로 하므로 서로를 단합시키고 서로에게 우호감을 갖

표 5.1 진단오류의 예

행동	추측	실제 문제
영어학원에 늦게 간다.	영어를 싫어한다.	학교에서 맡은 청소가 끝나지 않아 출발이 늦었다.
지시를 따르지 않는다.	반항한다.	청각에 이상이 있다.
엄마에게 매달려 등교하려 하지 않는다.	응석받이다, 미숙하다.	엄마가 자신을 버리고 가는 것 같아 몹시 불안하고 두렵다.
한 번도 숙제를 제출하지 않는다.	게으르다, 책임감이 없다.	엄마가 계시지 않아 집안일을 해야 하므로 숙제할 시간이 없다.
체육시간에 참여하지 않는다.	잘 못해서 웃음거리가 될까 봐 피한다.	빈혈이 있어 운동하면 쉽게 피곤해진다.
화가 나서 캐묻는 말에 대답을 안 한다.	반항한다, 무시한다.	너무 억울하고 답답해서 말이 안 나온다. 질문의 방향을 잃었다.
약속을 지키지 않는다.	무시한다.	지킬 수 없는 이유는 있었지만 말할 기회가 없다.

게 한다. 힘과 권위를 사용하지 않는 부모는 자녀들이 자신의 친구가 되고 자신은 자녀들의 친구가 되는 기쁨을 경험하게 된다.

⑦ 문제의 본질을 밝히는 데 도움이 된다.

〈권위적 방법－제1의 방법〉과 〈허용적 방법－제2의 방법〉으로는 문제의 본질로 들어가지 못한다. 〈무패법－제3의 방법, 승승법〉을 이용하면 부모가 선입견을 갖고 있어 간혹 잘못 진단하는 경우가 종종 있었다는 사실을 깨달을 수 있다.

부모가 자녀의 행동 이면에 있는 동기에 대해 진단오류에 빠지지 않고 자신의 욕구와 감정을 나－메시지로 정직하게 말할 때 상대에게도 개방할 수 있는 용기를 주게 된다.

실제 문제가 무엇인지 양쪽의 내면 욕구를 제대로 파악하지 못하면 아무리 훌륭한 해결책이라도 목적에 맞지 않게 되어 실천 성과가 떨어진다.

⑧ 자녀들은 더 책임감을 갖게 되고 더욱 성숙하게 된다.

부모가 힘과 권위에 의존하는 한 자녀들은 책임감을 갖거나 내적 성숙을 이루기 어렵다. 지시, 강요, 통제, 위협, 잔소리, 상벌 등 보상을 주거나 박탈하는 것은 아이들이 책임감 있게 성장할 수 있는 기회를 빼앗는 것이며 결국 의존적이고 미성숙한 상태에 머물게 할 뿐이다.

부모가 권위나 힘을 사용해 강요하면 자녀는 '너는 미성숙하고 책임감이 없고 사려 깊은 성숙한 행동은 할 수 없다'는 메시지를 받는다. 아동기와 청소년기에 부정적인 메시지를 자주 받게 되면 스스로 자신을 그런 사람으로 확신하게 되어 성격 형성에 부정적인 영향을 미치게 된다.

적용상의 유의점

① 갈등은 '해결책 결정 단계'인 4단계에서 발생한다(서로 자신의 해결책이 최선이라고 주장하므로).
② 갈등 상태는 감정이 격화되어 있는 상황이므로 먼저 서로의 감정을 조정해야 한다(공감적 경청과 나-메시지를 활용하여 서로의 감정을 편안하게 한다).
③ 자녀의 내면에서 일어나는 '진정한 욕구(need)'가 무엇인지 알 수 있도록 부모가 경청을 충분히 해야 한다.
④ 부모의 반대를 표현할 때에는 나-메시지로 솔직하게 전달한다.
⑤ 시간이 많이 걸릴 수도 있다는 점을 고려한다(경우에 따라서는 며칠이 걸릴 수도 있다).
⑥ 부모의 재량권 밖의 일은 협의 사항으로 다루지 않는다(예 : 행정적 문제, 시나 학교의 사안 등).

합의된 해결책을 이행하지 않을 때

상호 합의에 의해 만든 해결책을 지키지 않을 경우 부모는 흔히 힘을 쓰는 권위적 방법으로 돌아가고 싶은 유혹을 느끼게 된다. 만약 힘을 다시 쓴다면 지금까지 애쓴 노력과 상호 신뢰감이 여지없이 무너지게 되며 부모는 전보다 더 큰 책임과 부담감을 안게 된다.

① 이행하지 못하거나 할 수 없었던 이유나 원인을 심층적으로 나누기 위해 공감적 경청으로 대화를 열어 준다.
② 규칙을 지키지 않을 때의 문제점과 나의 솔직한 감정을 전달한다.
③ 규칙을 지킬 수 없는 원인을 제거하거나 더욱 쉽게 이행할 수 있는 데 도움이 되는 다른 방안들을 적극적으로 찾아본다.
④ 새로 수정된 해결책을 평가할 수 있는 '제2차 재평가일'을 구체적으로 정한다(날짜, 시간, 장소).

06

갈등관리의 작용

가치관, 관점, 권력, 창의성

각 개인은 가정, 교육, 사회의 영향으로 만들어진 핵심적인 가치관을 갖고 있다. 그 가치관은 사람들이 보는 시각 및 살아가는 데 있어 그들의 행동, 그리고 그들이 다른 사람의 메시지 및 행동을 해석하는 데도 영향을 미친다.

훌륭한 의사소통자(communicators)는 자신의 가치관을 이해함으로써 다른 사람의 가치관을 알아본다. 특히 중립적인 입장에서는 자신의 선입견을 억제할 수 있어야 한다. 그들은 다양한 가치관이 있다는 것을 인식하고 자신의 옳고 그른 잣대보다 넓은 시야로 바라보아야 한다.

가치관

대부분의 사람들은 고정관념(stererotyping)에 빠져 있다. 마트의 계산대 줄에서 순서를 기다리면서 또는 연극의 휴식시간 중에도 우리는 주변 사람을 보면서 긍정적으로, 부정적으로, 혹은 관심 있게 바라본다. 어떤 남자가 공중화장실 앞에서 참을성 없이 기다리면서 옆에 있는 사람에게 말을 걸었다. "저 안에 분명히 어떤 여자가 화장을 고치고 있을 거야." 하지만 얼마 후 남자가 화장실에서 나왔다. 어떤 상황에는 이런 고정관념이 실제와 다르다 할지라도 비교적 해롭지 않다. 하지만 의사소통 및 문제해결에 있어 고정관념은 도움이 되지 않으며 실제로는 해롭다. 고정관념은 대부분 제한적이며 정확하지 못하다. 이런 개념을 대부분의 사람들은 알고 있으면서도 자주 타인을 고정관념을 갖고 보고 있는 자신을 볼 수 있다.

다수의 사람들은 고정관념이 타인을 이해하는데 도움이 된다고 생각한다. 하지만 사회화 과정 대부분은 사고력 없이 이루어진다. 학생들은 고정관념 실습에 참여할 때 수업 과정을 바로 이해하지만, 그들은 이것을 언제나 하기 때문에 수업 과정대로 매일 적용하기 어렵다고 보고한다. 이 프로그램에 포함된 몇 가지 실습으로 우리는 풍부하고 매혹적인 각 개인의 특성을 깨달을 기회가 있다. 이 깨달음을 토대로 우리는 사람들을 분류하려는 경향과 그 분류에 따라 어떤 행동을 부여하려는 것을 알 수 있다. 새로운 행동을 배우려면 변화가 필요하다. 우리는 사회적 통념의 요소를 버리고 더 효과적으로 생각하고 의사소통을 할 수 있도록 나아가야 한다.

관점

웹스터사전에서는 관점(perspective)을 다음과 같이 정의하고 있다 ─ (1) 사물 또는 풍경을 특정 방법으로 묘사하여 그것이 눈에 보이는 것 같도록 하는 기술. (2) 특정한 이해의 관점 또는 사물이나 사건에 대한 판단. 마이크로소프트 유의어 사전(Microsoft Thesaurus)에는 '시각(viewpoint), 판단(standpoint), 개요(outlook), 입장(position), 편견(bias), 태도(attitude)'라고 적혀 있다. 또한 이와 연관되어 있지만, 유의어가 아닌 단어로 '파악하다 또는 관찰하다(perceive)'가 있다. 그 단어의 유의어는 '지각하다'이다.

관점을 이해하는 첫 번째 과정은 개인마다 상황을 독특한 시각으로 바라본다는 것을 인식하는 것이다. 이런 독특한 시각은 그 개인의 경험, 교육, 가정, 문화 가치가 토대가 되어 이루어진다. 법과대학 수업에 자주 사용되는 실습이 이것을 잘 보여 준다. 일반적인 방식은 두 사람이 방안으로 뛰어 들어와 싸움을 연출하고 다시 뛰어 나간다. 이를 구경한 학생들에게 이 사건에 대해 서술하게 한다. 학생들은 각각 서술한 내용이 큰 편차를 보이는 것에 놀란다. 이런 실습은 사람들의 관점이 얼마나 다른지를 명확히 보여 준다.

의사소통을 하거나 분쟁을 해소할 때 사람들의 관점이 일치할 것이라고 예상하고 기대하는 것은 현실적이지 못하다. 도움이 되는 방법은 다른 관점을 모두 듣고 이해할 수 있도록 노력하고 그 후에 문제해결을 시작하는 것이다.

권력

권력(power)은 갈등해결, 의사소통, 그리고 분쟁 해결 과정, 예를 들면 협상, 조정, 중재에 매우 중요한 역할을 한다. 웹스터사전에서는 권력을 '능력(ability), 힘(strength), 권위(authority)'로 정의하고 있다. 여러 다양한 권력의 정의에 포함되는 것은 어떤 행동을 할 수 있는 능력, 세력, 권력, 통제, 지휘, 다른 사람을 통제 또는 지휘하는 영향력, 패권이다. 권력의 반의어는 약함, 무력함, 무능함이다.

권력의 원천

권력의 원천이 되는 것은 여러 가지가 있다. 일반적인 것으로는 정치적 지위, 외모, 육체적 또는 물리적 힘의 크기, 재산, 자원, 교육, 지식, 전문성, 사회적 안정, 효과적 의사소통, 가정적 지위, 종교, 친구, 지인, 이웃 등이 있다. 어떤 이들은 진정한 권력의 원천은 각 개인 안에 있다고 주장하며, 특히 그 개인이 생업에 종사 중이고, 인생을 즐기며, 유익하고 충만함을 느낄 때 더욱 그렇다고 한다.

이 이론에 따르면 사람들은 그들 자신의 내면의 강인함을 인지 못할 경우 타인 또는 그들의 주변을 지배하려는 다른 권력의 원천을 찾고자 한다. 극적인 경우 자신의 주변을 지배하려고 시도하는 중 그 행동에 중독되거나 타인에게 불친절 또는 폭력적으로 변하는 결과가 나타날 수 있다.

권력의 전개

권력은 고정되어 있지 않고 꾸준히 발전하고 있다. 예를 들어 집주인과 거주자 간의 분쟁에서 어떤 사람들은 집주인이 권력이 더 크다고 추측할 수 있다. 하지만 거주자는 어떤 힘 있고 활동적인 거주자 협회의 회장일 수 있다. 또는 거주하는 아파트가 전셋값 통제 구역에 있는 것일 수 있다. 갈등해소 상황에서 권력에 대한 추측은 현명하지 않다. 그보다는 분쟁 당사자들의 권력의 원천을 모두 파악하는 것이 더 안전하다.

권력의 균형은 어떤 상황에 따라 바뀔 수 있다. 예를 들어 부모는 자녀가 어릴 때는 권력을 갖고 있다. 하지만 부모가 나이가 들게 되면 자녀에게 도움, 보살핌, 또는 벗으로서 의지할 수 있다. 부모와 자식 간, 형제 간, 남편과 아내 간, 관리자 또는 동료 직원 간, 그리고 특별이익

단체들 간의 끝없는 권력 투쟁이 일어난다. 오늘날의 소수인 집단이 미래에는 다수가 될 수 있다.

창의성

유능한 의사소통자, 협상가, 조정자 또는 중재자가 되기 위해서는 창의성 기술을 필수적으로 발달시켜야 한다. 창의성(creativity)이란 일반적인 것을 뛰어넘는 기술 또는 행동을 말한다.

창의적인 생각은 가능성을 열어 주는 데 도움을 준다. 만일 상호관계적인 상황에서 한 사람이 창의적으로 생각을 한다면, 그 관계에 포함되어 있는 주변 사람들도 한 사람으로 인해 창의적으로 생각을 하도록 영향을 미친다. 창의적인 생각에서 중요한 것은 아이디어가 제시되었을 때 빠른 결정력도 아니며 바로 버리는 것도 아니다. 그러한 행동을 한다면 의사소통의 채널을 끊어 버리게 된다.

창의적으로 생각한다는 것은 여러 가지 이유로 힘들다. 일반적으로 학교에서는 창의적인 생각을 가르쳐 주지 않는다. 대부분의 교육 시스템은 '정답' 또는 '올바른 해답'에 중점을 두면서 교육을 한다. 그렇기 때문에 그러한 교육은 대체로 '이것 아니면 저것'이라는 사고방식을 형성한다.

또한 많은 사람들은 어떠한 사람이나 상황을 대했을 때 즉시 자신의 경험이나 성향을 토대로 하여 생각을 '채우는' 경향이 있다. 이러한 '채우는 현상'을 보면 사람들은 자신이 미리 '알고 있다'고 생각을 한다. 그렇기 때문에 스스로 예상한 아이디어를 뒷받침하는 정보만을 찾고 상세한 부분들은 제한된다. 말할 필요도 없이 이것은 창의성을 억제하는 행동이다. 이러한 '채우는 현상'에 빠지지 않기 위해서는 스스로가 상대방의 의사나 관점을 끄집어 낼 수 있는 질문들을 해야 한다. 이런 질문을 통해 관점을 이해할 수 있게 되면 그 후 세부적인 사항들이 확인 가능하며, 더 큰 그림을 그릴 수 있다.

사람들은 나이가 들수록 '자기 스스로에게 맞는' 것을 찾게 되고 대부분 그러한 방식으로 상황에 접근하려 한다. 그들은 새로운 현상이나 상황에 매번 새롭게 열린 마음으로 접근하는 것보다는 자기에게 맞는 방식으로 접근하는 것이 훨씬 편하기 때문에 습관적으로 이러한 방식을 발달시키게 된다. 한마디로 사람들은 '스스로에게 맞게' 설정이 된다. 이렇게 되면 창의적일 수 있는 능력이 감소된다.

창의성을 방해하는 또 다른 요소는, 나이가 들수록 사람들은 남들로부터 지적을 받거나 창피를 당하는 것을 싫어한다는 것이다. 그렇게 때문에 남들 앞에서 어리석은 모습을 안 보이기 위해 새로운 의견을 제시하기보다는 그냥 조용히 있는다.

합의와 협상

합의

합의(consensus)라는 갈등해결 과정은 사람에 따라 다르게 정의하였다. 어떤 사람은 모든 구성원의 동의가 있어야만 합의가 이루어진다고 생각한다. 또 어떤 사람은 결정에 대해 묵인하거나 다른 의견이 없으면 합의가 이루어진다고 생각한다. 또한 합의에 투표가 포함되어 있지 않다고 생각하는 사람이 있는 반면, 투표와는 별개로 손으로 의사 표현을 하는 것이 '구성원들의 의도'를 표현한다고 생각을 하는 사람도 있다.

웹스터사전에서는 합의를 '거의 모든 또는 모두가 갖고 있는 의견…. 특히 의견의 일반적인 합의'라고 정의한다. 다른 웹스터사전(The Random House Webster's College)에서는 '공동 의견 또는 믿음, 단결된 의견… 일반적인 합의 또는 이해, 조화'라고 정의를 한다. 합의는 대부분 일반적인 합의, 동의 또는 일치로 이해된다. 집단 활동 또는 분쟁 해결에서는 모든 구성원이 무언가에 대해 100% 합의할 필요가 없이, 묵인을 하거나 별다른 의견 없이 원래 목적대로 모두 진행이 가능하다고 생각을 하면 합의에 도달했다고 볼 수 있다.

만일 어떤 집단이 합의를 이끌어 내고 싶다면 우선 이슈나 문제점을 파악해야 한다. 그 후 집단 구성원은 이슈나 문제점을 좀 더 신중하게 모색하기 위해 참여자들에게 의견(input)을 요청한다. 이 과정이 완성되면 참여자들은 선택(option)이나 대안을 이행할 수 있다. 서로가 더 많은 의견을 찾아내며 어떤 대안이 실행 가능한지를 모색한다. 이후 구성원들은 '전반적인 구성원들의 의도'를 살펴본다.

미국의 국가공동체조정협회(National Association for Community Mediation)와 같은 단체에서는 다음과 같은 합의 모델을 택하고 있다. 다음 보기와 같이 이 협회에서는 어떤 이슈에 대해 구성원들이 손가락을 이용해 동의의 강도를 표현하며, 동의하지 않을 경우에는 주먹을 이용해 표현을 한다.

손가락 5개 : 아주 강하게 이 결정에 동의한다.

손가락 4개 : 이 결정을 지지한다.

손가락 3개 : 이 결정은 괜찮다.

손가락 2개 : 마음이 편치 않지만, 묵인하겠다.

손가락 1개 : 이 결정이 마음에 안 들지만, 구성원들의 신중함을 좇아 결정을 방해하지는 않겠다.

주먹 : 이 결정에 반대한다/결정을 거부한다. 이 문제점에 대해 더 의논을 해야 한다.

이 과정에서는 만일 75% 이상의 가능성(손가락 표시)이 나오고 주먹이 안 나왔을 경우 제안을 받아들인다. 만일 주먹이 나왔을 경우에는 참여자들이 묵인을 할 수 있을 정도의 해결책 또는 동의가 나올 때까지 다시 이슈에 관해 더 의논을 한다.

합의에 도달한다는 것은 시간 소요도 많이 되며 어려운 작업이다. 그 이유는 모든 참여자들의 의견이 존중되며 모색되기 때문이다.

이 과정은 진전 있는 또는 성숙한 그룹에게 가장 효과적이다. 이것을 통해 얻을 수 있는 이득은 신뢰의 증대, 협력, 창의성 그리고 이해다. 또한 합의를 통해 해결된 이슈나 문제점들은 거의 결정이 최종적이며 투표를 할 필요가 없다.

협상

협상(negotiation)은 교섭 또는 합의를 위한 조건을 조정하기 위하여 상호 의논을 통해 서로 상대하고 흥정하는 과정을 뜻한다. 협상은 서로 의논을 하고 있는 두 당사자 사이에서 발생한다. 1명의 협상가가 두 당사자 사이를 오가며 중재자로서 활동이 가능하다. 또는 분쟁 중인 당사자들을 대표하는 둘 또는 그 이상의 협상가가 있을 수 있다. 협상은 단계적인 의사소통 과정을 통해 당사자들이 현안에 대한 이상적인 해결책을 찾을 수 있도록 의논하는 과정을 수반한다. 그렇기 때문에 협상은 조정이나 중재에 비해 더 포괄적이다.

입장과 이슈

협상에서 가장 중요한 단계는 이해관계가 있는 이슈와 입장을 구별하는 것이다. 그것이 가능하다면 개인의 협상 능력을 아주 높일 수 있다. 협상을 가르치는 데 그리고 입장을 밝히는 데 중요한 요소는 공통성을 식별하는 단계를 제공해 주며 창의성의 문을 열어 준다.

협상하는 당사자에게 공통 또는 유사한 이슈가 존재한다는 것을 제공함으로써 협상하기 위한 충분한 가치가 있다는 것을 제시한다. 협상가의 역할 중 하나가 당사자들끼리 서로의 이슈들을 비교해 봄으로써 공통점이 많다는 것을 인식할 수 있도록 자극해 주는 것이다. 이후 협상가는 당사자들에게 각 이슈마다 우선권 설정을 요구해 무엇이 가장 중요한지를 결정하도록 한다. 당사자들이 무엇을 원하고 필요한지를 분쟁 해결 전문가가 시간을 투자해 명확히 이해하고 있어야만 그들에게 만족할 만한 결과와 성과를 전달할 수 있다.

협상 단계에서 적절한 질문 기술

개방질문은 넓은 범위의 정보가 표현될 수 있도록 돕는다.

- 초점질문은 정확한 또는 적절한 정보를 얻을 수 있는 단계를 제공해 준다.
- 폐쇄/직접질문은 세부적인 사항을 명확하게 설명해 준다.
- 유도질문 방식으로 표현된 것들은 대부분 질문 안에 답이 내포되어 있다.

질문을 사용함에 있어서 몇 가지 주의점이 있다. 첫째, 왜 질문을 하는지에 대한 이유가 있는 것이 중요하다. 앞으로 더 많은 정보를 얻기 위해서이다. 둘째, 당사자를 너무 '몰아붙이는' 것처럼 보이는 것을 피하기 위해 기술적으로 질문하는 것이 중요하다. 예를 들면 질문을 시작할 때 '왜', '그렇지 않느냐', '너'와 같은 표현은 사용하지 않는 것이 좋다. 이러한 표현은 대답하는 상대로부터 적은 양의 정보를 유도하며 방어적으로 만든다. 많은 사람들은 '빈칸을 채우는' 현상을 보이기 때문에 직접적인 그리고 초점적인 질문을 많이 하는 경향이 있다. 이것은 그들이 큰 그림을 미리 알고 있다고 생각하고 질문을 이용해 빈칸을 채우려고 하기 때문이다.

협상의 단계

계획

- 성공적이 협상에 어떤 질문들이 영향을 미치는지 자문해 본다.

협상 관찰 양식

지시사항 : 이 학습 활동에서 당신은 협상의 관찰자 역할을 한다. 1명의 협상가를 선택하여 협상하는 것을 관찰한다. 이 양식에 노트를 한다. 그 후 협상 회기가 종료되면 약 5분 동안 추정적인 피드백을 위해 아래 제시된 지침에 따라 노트에 필요한 부분을 작성한다. 이 양식을 당신이 관찰했던 협상가에게 전달하고, 관찰했던 부분들에 대해 의논할 준비를 한다.

1. 협상가가 협상 단계에 따라 협상을 진행하는 것을 관찰했습니까? 협상가가 아래에 설명된 사항에 따라 이행했는지에 대해 노트를 하십시오.

1단계 : 소개

스테이지 준비를 했는가?(필요한 정보를 준비했는가?)

참여자 또는 당사자들과 인사를 했는가?

오리엔테이션을 했는가?

의사소통 방식을 수립했는가?

각 당사자를 존중했는가?

당사자(입장)와 이슈를 구별하여 대응했는가?(만일 협상가가 이렇게 대응을 했다면 예를 들어 주십시오.)

시간을 포함하여 기본 규칙들을 수립했는가?

2단계 : 교환 요청

분쟁, 이슈, 상황들을 설명했는가?

각 당사자의 요구사항을 명백하게 제시했는가?

관련된 당사자들을 밝혔는가?

문제들을 밝혔는가?

당사자들의 이득에 대해 논의했는가?

주의 깊게 그리고 적극적으로 청취했는가?

만일 감정적인 부분이 관련되었다면, 이것에 잘 대응하고 의논하는가?

이슈를 밝히고, 이것을 입장과 분리했는가?(만일 협상가가 이렇게 대응을 했다면 예를 들어 주십시오.)

3단계 : 선택권 조사/검토

적절한 계약 조항, 규정, 처리 방식에 대해 논의했는가?

잠재적 해결책이나 변상들을 제시했는가?(모든 당사자에게)

brain-storming 또는 창의적으로 생각을 했는가?

실행 가능한 다양한 해결책을 모색했는가?

모든 당사자에게 상호 이득이 될 수 있는 옵션을 택했는가?

객관적인 기준으로 모든 선택/옵션을 검토하고, 이로 인해 발생할 수 있는 결과에 대해 살펴보았는가?

4단계 : 요약

채택된 옵션들에 대해 명백하게 설명을 했는가?

세부적인 부분을 작성했는가?

계약서를 누가 작성할지에 대해 밝혔는가?

'만일'에 대한 것들을 검토하고 테스트해 보았는가?

2. 사용된 용어 중에 표적용어 또는 매력적인 슬로건 같은 것이 있었는가? 만일 있었다면 유용했는가? 아니면 유용하지 못했는가? 예를 들어 주십시오.

- 당사자들로부터 미팅 전에 어떠한 정보가 필요한지를 자문해 본다. 필요하다면 당사자들에게 질문을 준비해 연락을 취한다.

1단계 : 소개

- 처음 협상을 시작할 때는 개방질문을 사용하여 당사자들의 참여도나 협력의 정도를 파악하도록 한다.
- 초점질문을 통해 의사소통의 방식을 수립한다.
- 기본원칙을 수립하기 위하여 초점질문이나 직접질문을 사용한다.

2단계 : 교환 요청

이슈/사건/상황을 설명하기 위해 개방질문과 초점질문을 사용한다.
- 초점질문은 이슈의 증명과 당사자들의 입장으로부터 이슈를 구별 짓기 위해 사용한다.
- 요약을 한 후 직접질문을 통해 요구를 명확하게 구분 짓도록 한다.

3단계 : 선택권 검토

- 초점질문과 직접질문을 사용해 계약에 적절한 조항, 규범, 처리 방식 등을 의논한다.
- 개방질문과 초점질문을 사용해 구제 방법이나 변상을 도출할 수 있도록 하며, 잠재적인 해결책을 모색한다.
- 창의적으로 생각을 할 수 있도록 개방질문을 사용해 자극한다.
- 개방질문을 사용해 가능한 해결책들을 모색한다.
- 개방질문과 초점질문을 사용해 상호 간에 이익을 얻을 수 있도록 새로운 선택권을 생성한다.
- 객관적인 기준을 이용해 여러 선택을 검토하는 데 직접질문을 사용한다.

4단계 : 요약

- 직접질문을 사용해 선택된 옵션(선택권)을 명확하게 하며, 세부적인 부분들을 적용할 수 있도록 한다.
- 직접질문을 통해 누가 계약서를 작성할 것인지를 결정한다.

● 초점질문을 사용해 '만일 ~라면(what if)'이라는 부분을 테스트하고 검토해 볼 수 있도록
한다.

조정과 중재

조정

조정(mediation)은 갈등 당사자들이 상호 만족할 수 있는 결과를 얻기 위해 또는 문제에 대한
새로운 인식을 목적으로 서로의 상황에 대해 비공식적으로 의논하는 것을 말한다. 여기서 중
립적인 제3자가 조정자로서 갈등 당사자들이 협정을 맺거나 해결책에 도달할 수 있도록 도움
을 준다.

조정자의 역할은 문제를 해결하는 것이 아니라 당사자들 스스로 해결책을 찾도록 또는 방
향을 모색해 나갈 수 있도록 돕는 것이다. 조정자의 역할 중 몇 가지를 설명하면 이슈와 관련
된 점들을 객관적으로 바라볼 수 있도록 돕는 것, 서로 간의 입장을 이해하도록 돕는 것, 적절
한 표현 방법으로 긴장감을 완화해 주는 것, 당사자들이 더 유연하고 혁신적일 수 있도록 돕는
것, 창조적인 해결책을 모색하고 계획할 수 있도록 돕는 것 등이 있다.

어떤 사람들은 조정을 '조력된 협상'이라고도 정의한다. 이것은 모든 갈등해결 과정이 협상
과 의사소통 아래 진행된다는 관점에서 본다면 사실일 수 있다.

조정과 다른 갈등해결 과정의 차이

조정과 다른 갈등해결 과정들과의 차이점은 다음과 같다.

● 중재(arbitration)와 재판에 관련된 과정들은 중립적인 사람 또는 이슈에 대해 판정을 내
리는 사람들이 관련되는 것이 특징이다. 이러한 중재자들은 특정 갈등에 관련된 지식들
을 갖추어야 한다.
● 협상은 문제를 해결하고자 하는 강한 의욕과 갈등 분야에 대한 관습과 규칙에 대해 충분
한 지식을 갖고 있는 협상자의 리드에 의해 적극적으로 진행된다. 여기서는 해결책을 제
안할 뿐만 아니라 다른 사람들이 제안하는 것을 받아들일 수도 있다.

● 조정과 협상의 차이는 조정자가 진행 과정 동안 끝까지 중립성을 지킨다는 점에 있다. 또한 조정자는 자기가 조정을 맡은 분야에 대한 지식이 반드시 요구되지 않는다. 조정자의 역할은 당사자들이 긍정적으로 진행을 할 수 있도록 의견 교환을 구성해 주는 것이다. 그는 사례와 관련된 지식과 정보를 당사자들에게 준다. 갈등을 어떻게 해결할 것인가에 대한 의견을 제시하지 않고, 대신 일이 진행될 수 있도록 관리하며 안전지대를 유지한다. 어떻게 진행을 하고 어떤 옵션들을 채택할지는 당사자들의 몫이다. 실제로 조정자는 당사자들이 적극적인 태도로 협상을 임할 때는 뒤로 물러서 있다. 조정자는 계약이 정확하게 씌어져 있고 사인이 들어가 있는지(필요에 따라), 그리고 가급적 앞으로 마찰을 일으킬 수 있는 부분들은 짚고 넘어갔는지를 살펴본다.

조정을 통해 해결하기 적절한 갈등

합의나 협상 중인 갈등들은 대부분 조정에 적합하지 않다. 또한 당사자들이 상대를 해치려 하거나 복수를 원하는 갈등일 경우는 성공할 가능성이 매우 낮다. 자기 입장만 고집하는 사람들은 조정을 통해 만족하기가 극히 힘들다. 조정을 통해 성공하기 힘든 또 다른 상황은 당사자들이 너무 개념적으로 의무만을 요구하거나 조정 자체를 개념적으로 이해하지 못할 때 발생할 수 있다.

조정을 통해 해결되는 분쟁들은 대부분 자녀양육권, 전화협박, 이웃 간 갈등, 지역사회 갈등, 소음 갈등, 사업상 갈등, 공공장소 관련 갈등, 그리고 청소년들의 문제행동과 관련된 갈등들이 있다.

성공적인 조정자의 특성

설문조사에 의하면 좋은 조정자는 다음과 같은 특성을 갖고 있다.

● 경험이 많다. 과거 조정 또는 갈등관리 의사소통 등을 경험해 본 사람이 가장 좋은 조정자 역할을 한다. 어떤 사람들은 타고난 조정자이다. 그러나 그들 또한 훈련을 통해 더욱 능숙해진다. 조정 기술 훈련을 통해서 관련된 갈등 분야의 중립성과 안전지대를 유지하며, 당사자들이 서로 좋은 성과를 얻도록 진행을 도와준다.

- **도덕적이다.** 진실하고 원칙적인 사람이 좋은 조정자 역할을 한다. 이러한 조정자는 각 당사자의 비밀을 존중하고, 당사자의 이익을 중요시하며, 각 당사자들을 대등하게 대한다. 도덕적인 조정자는 이해의 상충이 발생하였을 때 이것을 인지할 줄 안다. 만일 이런 이해의 상충이 존재한다면, 조정자는 적어도 이 상황을 당사자들에게 알려야 하고, 당사자들은 앞으로 조정자가 공평하게 조정이 가능한지 여부를 판단하도록 한다. 만일 갈등 당사자들과 개인적인 연관이 있거나 사전에 참여해야 할 업무가 있다면, 조정 과정이 시작하기 전에 스스로 손을 떼는 것이 올바르다.

- **창의적이다.** 조정자는 창의적인 전문가가 되어야 한다. 그 이유는 갈등 당사자들로부터 창의적인 아이디어를 최대한 많이 도출할 수 있도록 도움을 주는 역할을 하기 때문이다. 또한 창의성은 사례가 진행방향에서 벗어나지 않도록 하기 위해 필요하다. 조정자는 모든 조정 단계에서 창조적이어야 한다. 만일 난국에 직면했을 경우, 조정자는 상황을 평가하고 당사자들이 이 난국을 극복할 수 있는 여러 방향을 찾아볼 수 있어야 한다.

- **유연성이 있다.** 조정자는 당사자들이 따라 하기를 원하는 행동모델이다. 유연성은 사람들과 함께 일을 할 때 매우 중요한 기술이 된다. 한 방법이 서로 협력적이지 못하다면 다른 방법을 찾아야 한다. 이렇게 특정 입장에서부터 공동의 관심으로 옮겨 가는 것이 가능한 것도 유연성 때문이다. 또한 조정자는 단계적으로 틀에 맞게 조정을 진행하는 것에 익숙해져 있을 수도 있으나, 어떤 경우는 당사자들이 이러한 단계들을 다양하게 조정하기를 원할 때도 있다. 조정자는 당사자들의 요구에 따라 유연하게 적응을 할 수 있어야 한다.

- **조정 훈련을 받는다.** 훌륭한 조정자는 한 가지 방식으로 일을 처리하는 상황에 빠지지 않기 위해 언제나 새로운 방식들을 연구하고 학습한다. 이것은 조정 훈련에 참여하는 사람들에게 적절하다. 훈련을 증대시켜 우리는 모든 갈등이나 집단들을 같은 방식으로 대하거나 처리해서는 안 된다는 것을 배운다. '만일 우리가 갖고 있는 공구가 망치뿐이라면, 모든 것이 못으로 보인다'라는 옛날의 가르침을 생각해 보자.

- **역량을 제공해 준다.** 훌륭한 조정자는 당사자들이 스스로 해결에 도달할 수 있도록 역량(empowering)을 제공해 준다.

이와 반대로 성공적이지 못한 조정자는 다음과 같은 특성이 있다.

- 경험이 부족하다. 경험이 없는 조정자는 대부분 훈련을 받지 못했거나, 받았더라도 훈련받은 사항을 어떻게 사용해야 할지를 모른다. 훈련을 제공하는 많은 프로그램은 대부분 도제살이 또는 인턴기간을 거쳐야 한다. 이러한 프로그램들은 새로운 조정자가 독자적으로 조정을 맡기 전에, 보통 경력 있는 조정자와 함께 업무를 보도록 한다.
- 비도덕적이다. 비도덕적인 조정자는 동료들에 대해 악담을 하고, 당사자들을 상대할 때 중립적이거나 진실되지 못하며, 갈등과 관련해서 조정의 중립성을 훼손할 이해상충이나 동기를 갖고 있다.
- 마음이 닫혀 있다. 모든 것을 다 알고 있다고 착각을 하거나, '채우기' 행동을 보이는 사람들은 중립적이지 못하다. 동기를 갖고 있다면, 그러한 동기로 인해 중립적일 수 없다. 능력이 부족한 조정자는 협상의 처음 단계에서부터 미리 문제를 해결했다고 생각을 한다. 생각이 꽉 막힌 조정자는 당사자들이 스스로 문제를 해결할 수 있을 것이라는 생각을 못하며, 자신만이 문제를 해결할 수 있다고 생각한다.
- 유연하지 못하다. 생각이 완고한 조정자는 당사자들의 의사를 무시한 채 자기 스스로가 '정답'이라고 결정한 조정 과정에 따라 협상을 진행해 버린다.

이러한 사람은 중립을 지키기 어려우며, 분쟁 당사자들이 해결책을 내놓지 못할 것이라고 생각한다. 또한 진행 중인 중재 훈련을 거부한다.

조정의 양식

기본적으로 조정은 5개의 양식이 있다.

① 평가적 조정(evaluative mediation)은 보통 판사나 변호사가 법정에서 행한다. 대부분 당사자들은 조정자로부터 관련된 분쟁에 대한 평가를 원한다.
② 화해적 조정(settlement mediation)은 갈등에 대한 해결에 집중한다. 보통 조정자는 각 당사자들 사이를 오가며 협상가 역할을 한다. 이런 형식의 조정은 재판과 같은 기관 해결 조정 시 사용된다.
③ 교류적 조정(transformative mediation)은 각 당사자들이 상황에 대한 새로운 관점이나

인식을 얻을 수 있도록 돕는 데 중점을 둔다. 이런 새로운 인식은 당사자들 간의 관계를 개선할 수도 있으며 해결책을 발견하는 데 도움을 준다. 이런 조정 형식은 보통 공동사회 조정에서 찾아볼 수 있다.

④ 지시적 조정(directive mediation)은 조정자가 주요 또는 지시적인 역할을 맡아 당사자들에게 단계적으로 진행 과정을 도와준다. 이런 형식의 조정은 기관(법정) 또는 개인 조정에서 발견할 수 있다.

⑤ 촉진적 조정(facilitative mediation)은 조정자가 당사자들 간의 의사소통을 돕거나 촉진해 주는 형식을 말한다. 이런 형식의 조정을 보통 개인 또는 공동체 조정 프로그램 안에서 찾아볼 수 있다.

중재

중재(arbitration)는 중립적인 개인 또는 사람들에게 갈등에 대한 최종적이고 구속력 있는 결정을 기탁하는 것이다. 조직이나 개인들은 중재 조항을 계약서에 적용해 다양한 중재 옵션(예 : 중재를 임의 또는 필수로 설정, 중재 과정이나 중재에 대한 정의 등)을 설정한다. 중재는 구속력이 없다고 정의하는 사람들이 있는 반면, 어떤 이들은 만일 중재에 구속력이 없다면 모순어법이라 생각한다.

조정-중재(mediation-arbitration)결합은 조정과 중재의 특징을 서로 섞은 갈등해결 과정이다. 조정과 같은 경우는 중립적인 제3자가 관여하는 특징이 있는 반면, 중재는 제3자가 직접 의사결정을 내리는 특징이 있다. 보통 조정-중재결합형 과정에서는 먼저 중립적인 제3자가 조정을 통해 당사자들로부터 가능한 한 많은 이슈에 대한 동의를 구할 수 있도록 도움을 준 이후, 갈등 당사자들 간의 허락을 받아 중재를 통해 결정에 대한 구속력을 부여한다. 이 모든 과정을 같은 중재자가 할 수도 있고, 여러 중재자들과 역할을 배분할 수도 있다.

중재-조정(arbitration-mediation)결합이라는 다른 방식에서는 중립적인 제3자가 먼저 중재를 한다(먼저 결정을 한다). 여기서 결정한 내용은 아직 밝히지 않는다. 이후 갈등 당사자들로부터 동의를 받아 중재자가 조정을 통해 이슈들에 관해 조정을 전부 또는 일부를 도울 것인지를 분간해 조정을 한다.

중재 대 협상과 조정

중재는 몇 가지 의미 있는 측면에서 협상 및 조정의 갈등해결 과정과는 차이가 있다. 협상에서는 열심히 의사소통을 통해 관련된 당사자들의 목표와 부합되는 동의를 얻을 수 있도록 당사자들이 최선을 다한다. 조정은 '조력된 협상'으로 인식되며 당사자들이 협상에서 난관에 직면했을 때 보통 조정을 요청한다. 조정은 중립적인 제3자가 관여해 당사자들이 서로 받아들일수 있는 협상이 나올 수 있도록 도움과 지도를 해 준다.

중재는 의사결정을 하는 과정이다. 당사자들은 중립적인 제3자인 중재자에게 자신의 관점과 상황을 제시한다. 중재는 공식적일 수도 있고 비공식적일 수도 있다. 공식적인 중재에서는 개시(공판 전 증거 또는 사실을 제시하는 절차) 단계가 포함될 수도 있다. 이 단계에서는 증인과 증거물들이 제시되도록 한다. 이후 중재자는 당사자들의 제출물에 따라 의사결정을 내린다. 이 결정은 중재 절차나 규정에 따라 구속력을 가질 수도 있고 구속력을 갖지 않을 수도 있다.

중재 사용 시기

중재는 기업, 비즈니스, 공업, 직장, 그리고 일반적인 상황 내에서도 다양하게 사용되고 있다. 중재는 보통 당사자들이 최종적으로 확정을 짓고 싶거나, 빠른 의사결정, 시간 절약, 비용 절약, 또는 특정 분야에서 전문가의 의사를 원할 때 분쟁해결 과정으로 채택한다.

당사자들은 보통 협상이나 조정을 통해 해결 가능성을 찾지 못했을 경우 중재를 진행한다. 만일 가치에 대한 회기를 벌써 진행했다면, 가치에 관한 학습 활동을 참조하는 것도 좋다. 만일 아직 가치에 관한 회기를 진행하지 않았다면, 이 시점에서 가치에 관해 소개를 하고 활동을 진행하는 것도 좋은 방법이다.

중재 결정 시 고려사항

효율적인 중재자는 의사결정을 내릴 때 연관된 사실들과 고려해야 할 관점들을 그렇지 않은 사실 및 관점으로부터 구분한다. 예를 들어 집주인과 계약자 간의 분쟁에서 가장 중요한 요소 중 하나는 계약서가 존재하는지 여부이다. 그 이유는 계약서 조항들이 규제를 받을 수 있기 때문이다.

훌륭한 경청하기 기술

효과적인 분석 기술

효율적인 의사결정 기술

07

갈등관리 프로그램 수행 준비

다문화가족의 갈등을 해결하기 위한 구체적인 치료 프로그램을 적용하기 전에 가족 개개인의 특성을 파악하고 바람직한 특성을 가질 수 있도록 준비하는 것이 필요하다. 특히 다문화가족 갈등관리 프로그램은 주로 성인을 대상으로 하기 때문에 성인의 학습 원리를 간단히 제시하고자 한다. 이러한 원리에 따라 성인의 학습을 조직하고 활동하도록 하는 것이 프로그램의 효과를 높이는 데 영향을 줄 수 있다. 따라서 다문화가족의 갈등관리 프로그램을 적용하여 활동을 할 때는 이와 같은 성인의 학습원리에 근거하여 가능한 한 많은 실습을 하도록 하는 것이 요구된다.

- 아동은 새로운 정보를 받아들일 때 정보의 가치나 이유에 대해 거의 판단하지 않고 받아들인다. 그러나 성인은 자신들의 축적된 지식으로 새로운 정보에 접근한다. 그들은 새로운 것을 배울 때 정보의 유용성이나 타당성에 대해 확신이 서지 않는 한 그것을 거부하는 경향을 보인다.
- 성인은 새로운 지식을 받아들여야 할 경우 분노 또는 모욕감을 먼저 느낀다(또는 흥분하는 경우도 있다). 그리고 어떻게 하면 그들이 새로운 정보를 받아들이지 않고 그들의 역할을 할 수 있는지 생각하는 데 시간을 보낸다.

- 새로운 정보가 말로만 전달되면 24시간 이후에는 그 정보의 10%밖에 기억에 남지 않는 다고 한다. 정보를 볼 수 있도록 전달하면 20% 정도가 기억에 남는다고 한다. 그러나 눈으로 보게 하고 말로 전달하면 40% 이상을 기억한다.
- 따라서 성인은 실습을 하며 배울 경우 더 많은 것을 얻고 잘 배운다. 그들이 학습에 개입될 경우, 수동적인 참여자가 아니라 적극적인 참여자로서 배우게 된다.
- 학습은 실습을 통해 강화되고 통합된다. 실습, 건설적인 피드백, 그리고 재실습은 효과적인 학습의 근본이 된다.

갈등해결 과정의 요소

효과적인 갈등해결을 위해서는 융통성, 50-50 법칙, 창의성, 상호 일치성이라는 네 가지 요소를 반드시 고려해야 한다. 먼저 융통성(flexibility)은 의사소통, 협상, 조정, 중재 과정에서 갈등에 대처하는 핵심 요소이다. 50-50 법칙은 갈등 당사자 간의 교감은 50 대 50 비율로 한다는 것이다. 세 번째가 창의성(creativity)이다. 많은 프로그램이 학습에 있어 창의성이 부족하다. 사람들은 자주 상황 논리적 틀 안에 들어 있는 사실이나 특성들만 학습하도록 요구받는다. 그러나 갈등해결 프로그램의 훈련은 그러한 틀을 벗어나 목표를 성취하는 다양한 길을 보여 주고 격려해야 한다. 상호 일치성(mutually agreeable outcome)은 갈등 당사자들이 서로의 요구나 이익에 일치하는 상태를 말한다. 갈등해결 과정에서 상호 일치는 해결에 도달하는 것이 될 것이다. 상호 일치성의 중요한 점은 협상이건 갈등해결의 의사소통에서건 모든 당사자가 가장 최선의 결과에 도달하였다는 의미이고, 이 의미는 앞으로 더 이상의 불일치나 어려움을 야기할 만한 요소가 거의 없다는 것을 의미한다. 그러므로 구조와 진행 과정을 이행하는 도중에도 당사자들이 함께 받아들일 수 있는 창의적이고 융통성 있는 선택권을 만들어 내는 방식을 아는 것이 중요하다.

피드백과 비판

'효과적인 피드백(effective feedback)'이란 학습한 기술과 과정들을 훈련해 가며 긍정적이고 확증적인 태도로 동료를 지지해 주는 방식이다. 가장 효과적인 피드백이 되기 위해서는 하나의 행동이 일어난 후 즉시 피드백이 이루어지고, 그리하여 피드백을 받은 사람은 정확히 무엇을 언급하는지 기억할 수 있게 된다. 이때 비평가적 개념으로 행동과 행동에 대한 효과에 대해 기술한다. 그것은 그 사람이 무엇을 효과적으로 행동했는지를 설명할 수도 있고, 혹은 그가 바라는 목표에 도달하기 위해서 도움을 줄 수 있는 다른 대안 행동을 제시해 줄 수도 있다.

효과적인 피드백은 그것을 받아들이는 사람을 먼저 고려해야 한다. 피드백을 받는 사람이 새로운 시도를 해도 그것이 자기가 '틀렸다'라는 느낌을 받지 않고 다른 접근을 시도할 수 있도록 알리는 것이다. 다른 사람에게 피드백을 주려고 할 때에는 주어진 임무를 정확하게 수행하거나 목표에 도달하는 데는 한 가지 방법만 있는 것이 아니라 많은 방법이 있다는 것을 깨닫는 것이 중요하다.

효과적인 피드백은 대부분 '나-메시지'를 사용하여 상대방이 방어적이게 되는 것을 미연에 방지한다. 예를 들면 "나는 어떤 사람이 무언가로 다투고 있을 때 상대방에게 소리를 지르면 불편함을 느낀다." 혹은 "누군가 말하는 도중 끼어들면, 내가 말하고자 하는 내용이 무시당하고 있다는 감정을 느낀다."라고 말하는 것이다. 또한 '나-메시지'는 한 사람이 다른 사람에게 제공하는 피드백은 그 사람의 관점에서 한다는 사실을 보충해 준다. 다른 효과적인 피드백 방식을 소개하면 다음과 같다―"내 경험에 비추어, 나는 다음과 같은 점을 알게 되었는데……", "이 교류를 통하여 받은 제 인상에 근거하면, 제 생각에는……." "단지 비교입니다만, 나는 (이와 같은 다른 대안이) 있다는 것을 아시기를 바랍니다." 효과적이고 유용한 피드백을 주는 방법을 배우는 것은 치료사와 중재자에게 필수불가결한 요소이다.

한편 '비판'은 보통 부정적이다. 정말 '건설적인 비판' 같은 것은 존재하지 않는다. 이 표현 자체가 역설적이다. 비판은 보통 '너-메시지'로 시작한다. 이 '나-메시지'에는 공격적인 요소가 들어간다. 이것은 받는 사람에게 방어적 태도를 갖게 하며 학습을 방해한다. 비판은 당신의 관점을 상대방이 실천하도록 격려해 주는 경우가 거의 없다.

말은 가위의 양날과 같이 상처를 줄 수 있으며 날카롭고 고통의 요인이 되기도 한다. 만일 우리의 말이 비판처럼 날카롭고 상처를 주면 말을 받는 상대방은 아마도 공격당했다는 감정을 느끼고 그래서 회피하게 될 것이다. 그것은 의사소통을 단절시킨다. 우리의 말이 피드백처럼 공격적이거나 위협적인 것이 아닌 방식으로 이루어진다면, 우리는 두려움을 없애고 열린 상태로 대화의 선을 유지해 나갈 수 있을 것이다.

집단개발 과정

다문화가족 갈등관리 프로그램을 수행하기 위해 집단을 형성하게 되면, 집단 참가자들은 프로그램 참여에서 얻을 수 있는 기대를 각자 다르게 갖게 되고, 그리고 자신의 지식을 채워 줄 새 정보를 얻고자 한다. 그들은 대체로 협조적이며 기대가 높은 상태이다. 집단 속에서 서로 어느 정도 시간을 보내고 나면 참가자들은 긴장이 풀어지면서(또는 그들의 개인 일정에 둘러싸여) 그들의 차이점들이 드러나기 시작한다. 이는 보통 프로그램 수행을 방해하는 행동 결과로 나타나게 되는데, 이를테면 너무 말을 많이 한다거나, 너무 말이 없다거나, 집중하지 않거나, 옆 사람과 주제와 상관없는 대화를 하는 등 다른 말로 표현하자면 '불이 꺼진' 상태인 것이다. 어떤 집단 구성원은 그들의 집단 지도자 또는 동료들에게 공격적으로 도전하기도 한다. 만일 사람들이 이러한 집단의 역동적인 점을 이해한다면 함께 집단을 조화롭게 발전시키는 데 도움이 될 것이다. 어떤 집단이든 다음과 같은 행태의 과정이 단계적으로 진행되는 것이 보편적이다.

- 소개하는 단계 : 서로에 대해 알아보기, 예절 지키기, 감각으로 상대방을 알아보기, 다른 사람이 생각하는 집단의 목표를 더 자세히 알아보기 등의 활동이 이루어지는 단계이다.
- 도전하는 단계 : 영향력 시험하기, 계층 세우기, 집단의 목표와 진행 과정에 관해 분쟁 만들기 등의 행동이 발생하는 단계이다.
- 우정 형성 단계 : 집단 규범에 대해 집단의 목표 및 진행 과정, 역할 분담 등의 합의가 이루어지거나 일치시키는 활동이 이루어지는 단계이다.
- 활동 수행의 단계 : 프로그램을 수행하면서 각자에게 주어진 역할이나 임무를 수행하는 단계이다.

집단의 시간과 힘은 대부분 실제 임무 수행보다는 집단의 정의 및 목표를 정하는 데 소비하고 있다는 점을 알고 있는 것이 중요하다. 이런 현상은 '임무의 회피(avoidance of task)'라고 정의될 수 있다.

위기 파악하기

집단 참가자들은 위기 상황의 여부와 양식을 파악하는 것이 수행되어야 한다. 위기(crisis)가 일어나게 하는 생활의 사건들은 긍정적 혹은 부정적일 수 있지만, 이러한 사건들은 모두 스트레스를 준다. 일반적인 가족들에게서 발생하는 전형적인 위기는 다음과 같다.

- 결혼
- 사랑하는 사람의 죽음
- 이혼
- 실직
- 새 직장 시작
- 이사 혹은 이주
- 재정상태의 급격한 변화
- 친구를 잃음
- 자동차 사고
- 소송
- 재판

이러한 위기 사건 가운데 다문화가족에게서 발생하는 것들이 무엇인지를 다음과 같은 활동지를 활용하여 파악한다.

위기를 경험한 사람에게 용기를 북돋아 주는 데는 위기를 유발한 상황에 대해 이야기하는 것이 도움이 된다. 사람들의 행동은 그들의 정서에서 나오며, 사람들은 그들의 행동을 이성적으로 통제하기 전에 그들의 정서와 먼저 접촉하려는 욕구가 있다. 정서는 개인의 가치관, 민감성, 사고 형태, 그리고 그들 삶의 경험과 그들이 타인에게서 배워 온 것들에 의해서 형성된다. 상황은 정서를 유도하지 않는다. 상황에 대한 반응과 가능한 결과에 대한 예측들이 우리 정서를 유발한다.

다음은 위기를 관리하는 여러 방법이다.

활 동 지

위기

1. '위기'에 대해 간단히 정의하시오.

2. 여러분의 마지막 위기는 무엇이었습니까?

3. 그 위기 동안 여러분은 어떤 감정상태였습니까?

4. 여러분의 행동에 따라 여러분의 기분은 어떠했습니까?

5. 위기에 놓인 가족이나 친구 중 두 사람을 생각하고 그들이 위기를 어떻게 관리하는지 간단히 기술하시오.

- 위기를 야기한 요인을 확인한다.
- 이러한 요인을 다루고, 줄이고, 제거하는 단계를 갖는다.
- 상황에서 발생한 스트레스를 확인한다.
- 위기를 다루면서 스트레스를 줄이거나 처치하는 스트레스 감소 훈련을 한다.
- 위기의 본질에 대한 개인의 생각 혹은 인식을 탐구한다.
- 개인의 상황 인식의 변화, 즉 다른 관점에서 바라보는 것을 탐구한다.
- 스트레스나 정서반응을 다루는 데 있어서 의학적 지원을 요청한다.

갈등관리 양식의 파악

많은 사람들은 모든 갈등을 다루는 데 있어서 동일한 갈등관리 양식을 사용하는 경향이 있다는 것을 인식하지 못하고 있다. 만약 이것이 인식되면 선호하는 양식이 효과적인지 여부를 결정할 수 있고, 다른 양식을 찾게 된다. 갈등관리 양식은 다음과 같다.

- 회피
- 순응
- 수동
- 타협
- 공격
- 주장
- 제휴
- 융통

자신의 갈등관리 양식을 파악하는 것은 타인의 갈등관리 양식을 이해하는 데 도움이 된다. 다음의 활동지를 이용하여 자신의 갈등관리 양식을 파악한다.

활 동 지

자신의 갈등관리 양식

1. 당신이 직장에서 보통 사용하는 갈등관리 양식을 기술하시오.

2. 당신이 집에서 보통 사용하는 갈등관리 양식을 기술하시오.

3. 당신이 친구에게 보통 사용하는 갈등관리 양식을 기술하시오.

4. 당신이 가장 자주 사용하는 갈등관리 양식의 특징에 대한 목록을 작성하시오.

5. 당신을 화나게 만드는 경향을 갖는 갈등관리 양식을 기술하시오.

6. 다른 사람의 양식 중 당신이 존경하는 갈등관리 양식을 기술하시오.

활 동 지

반응양식 확인

상황

당신은 10년 동안 농촌에서 살고 있습니다. 당신은 몇몇 이웃집과 도로를 함께 사용합니다. 당신의 집은 도로 맨 끝에 있습니다. 당신 이웃 중 몇 명은 당신의 집 사유지에 자주 주차를 하고 있습니다. 이것은 당신이 이사 오기 몇 년 전, 집이 비었을 때부터 시작되었습니다. 이웃의 자녀들이 10대였을 때 그들은 오토바이를 타고 다니면서 시끄럽게 하고 당신 집 잔디에 바퀴자국을 내기도 하였습니다. 지금은 이들이 성인이 되어 그런 일은 없습니다. 그리고 바로 옆집에 살고 있는 사람은 자기의 커다란 트레일러를 길 끝 당신의 집 앞 사유지에 주차를 할 수 있도록 허락을 요청하였습니다. 당신의 아내는 그렇게 하라고 대답합니다. 비록 그것으로 인하여 당신의 주위 경관을 완전히 가로막고 망치게 되기는 하지만 그렇게 하도록 했습니다. 그 후 6개월이 지나자 옆집 사람들은 집을 팔고 이사를 갑니다. 당신은 안도의 숨을 쉬고 드디어 당신의 경관을 되찾게 됩니다.

하루는 당신이 차를 주차하려고 갔는데, 예전에 트레일러가 놓였던 자리에 트럭이 주차된 것을 발견합니다. 당신은 그 트럭 주인에게 왜 여기에 주차했냐고 물었습니다. 그러자 그 트럭 주인은 지난 번 옆집 사람이 그곳에 주차할 수 있다고 말해 주었다고 합니다. 당신은 트럭 주인에게 그 사람은 그런 말을 할 권리가 없다고 말하고 거기는 당신의 사유지라고 말합니다. 트럭 주인은 잠시 동안 옆집에 머물게 될 것이고, 그동안 트럭을 주차할 곳이 없다고 합니다. 그 트럭 주인은 자기 집을 새로 짓고 있는데, 5개월 후에는 이사를 할 것이라고 말합니다.

반응 1. 당신은 그에게 임시적으로 그곳에 주차할 수 있지만 주차할 다른 곳을 반드시 찾아야 한다고 말합니다.

이 경우 갈등관리 양식은,

_____

반응 2. 당신은 이 상황을 정말로 싫어합니다. 그 트럭을 볼 때마다 화가 치밀지만 이웃이 앙갚음을 할까 두려워합니다. 그래서 당신은 아무것도 하지 못합니다.

이 경우 갈등관리 양식은,

_____

반응 3. 당신은 그 운전자에게 다른 주차장을 찾을 시간으로 앞으로 2주간 주고, 만일 그때까지 트럭을 옮기지 않으면 경찰을 부르겠다고 말합니다.

이 경우 갈등관리 양식은,

_____

반응 4. 당신은 당신 집 앞 아름다운 경관이 가려지는 것이 당신의 관심사항이라는 것을 적어 메모를 남깁니다. 당신은 그 트럭의 주인이 임시로 주차한 것을 알고 있습니다. 당신은 당신의 경관을 해치지 않는 다른 장소에 있는 당신 사유지를 주차장으로 제안합니다.

이 경우 갈등관리 양식은,

_____

다음의 활동지를 통하여 자신의 갈등관리 양식을 확인하고 보다 적절한 갈등관리 양식을 찾는 작업을 한다.

활 동 지

자신의 갈등관리 양식 조정

1. 당신이 관련된 실제 갈등 상황(개인적 혹은 직업적)을 기술하시오. 다른 집단 구성원들과 함께 이야기할 수 있는 상황을 선택하시오.

2. 그 상황을 당신이 지금까지 어떻게 다루어 왔는지 간략하게 기술하시오. 무엇이 당신의 전통적인 갈등관리 양식입니까? 이 양식을 나타내는 당신 행동의 예를 들면 무엇입니까?

3. 당신이 갈등 상황을 보다 더 잘 해결하는 데 도움을 줄 수 있는 갈등관리 양식을 선택한다면 어떤 것입니까? 가능하면 몇 가지 행동의 예를 드시오.

의사소통

사람들은 자신에게 가장 편안한 의사소통 양식(communication style)이 있다. 그들은 대부분 자신의 의사소통 양식에 대해 자각하지 않고 자신의 가장 자연스러운 양식을 사용하고 있다. 이러한 의사소통 양식은 사람들의 성격, 배움, 경험을 통해 발전된다. 대다수 사람들의 의사소통 양식은 그들의 사고방식 및 갈등관리 양식과 연관되어 있다. 의사소통 양식은 다음과 같다.

- 회피형(avoidance)
- 순응형(accommodation)
- 수동형(passivity)
- 타협형(compromise)
- 공격형(aggression)
- 주장형(assertion)
- 제휴형(collaborative)
- 융통형(flexible)

다음의 활동지를 통하여 자신의 의사소통 양식을 확인한다.

활 동 지

자신의 의사소통 양식

1. 회사에 있을 때 또는 일을 할 때 자신의 의사소통 양식을 기술하시오.

2. 집에 있을 때 자신의 의사소통 양식을 기술하시오.

3. 친구와 있을 때 자신의 의사소통 양식을 기술하시오.

4. 자신의 주된 의사소통 양식의 특징에 대해 기술하시오.

5. 자신을 화나게 하는 의사소통 양식에 대해 기술하시오.

6. 자신이 상대방을 존중하는 의사소통 양식에 대해 기술하시오.

다문화가족 갈등관리

프로그램의 목표

여기에 제시되는 다문화가족 갈등관리 프로그램은 가정에서 발생하는 갈등을 적절하게 관리하고 해결할 수 있는 역량과 기술을 함양하기 위해 계획된 것이다. 다문화가족 갈등관리 프로그램의 목표는 가정 내 갈등 상황에서 '가족 구성원 각각의 이익'보다는 '가족 전체의 이익'을 우선적으로 극대화하기 위한 능력을 획득하도록 하는 데 있다. 이것은 가정 내 자원을 극대화함으로써 갈등 당사자 모두에게 이익이 되는 갈등해결 기술을 획득하도록 하는 것이다. 즉 갈등 당사자들이 이익을 공유하도록 하는 협상 기술을 가르치는 것이다.

여기에 제시되는 프로그램들은 기본적으로 세 가지 단계로 구성되어 있다. 첫째는 '사람'과 '문제'를 분리하는 것이다. 대부분의 갈등은 인간관계와 이해관계가 분리되지 못하고 통합되어 있다. 예를 들어 가정에서 남편이 아내에게 "반찬이 입맛에 맞지 않아. 좀 제대로 할 수 없어?" 또는 "집 안 꼴이 이게 뭐야!"라고 하면 아내는 이 말을 자신에 대한 인격적 공격으로 받아들여 감정 대립이 된다. 이것은 사람과 문제가 분리되어 인식되지 않고 같은 것으로 인식하여 갈등관계를 만들어 내게 된다. 즉 문제에 대한 지적이 사람에 대한 공격으로 받아들여져 부부간에 감정이 악화되는 것이다. 이렇게 서로 부정적 감정을 주고받으면 갈등 상황을 해결하는 것이 더욱 어려워진다. 따라서 가족의 갈등 상황을 해결하고 적절한 가족관계를 유지하기 위해서는 문제와 사람을 분리해 대처하는 능력을 기르는 것이 가장 우선적으로 수행되어야 한다.

둘째, 갈등관계 당사자들이 주장하는 것의 이면에 있는 동기를 찾는 것이다. 모든 사람은 반드시 어떤 목적과 동기를 갖고 행동하기 때문에, 그 사람의 행동을 보다 정확하게 이해하려면 숨겨진 목적과 동기가 무엇인지를 찾는 것이 필수적이다. 예를 들어 아내는 주말마다 여행을 가고 싶다고 하지만 남편은 쉬고 싶다고 말하면서 아내의 말을 거의 들어주지 않는 경우 남편의 행동 뒤에 숨겨진 동기를 발견하면 갈등은 쉽게 해결될 수 있다. 남편의 쉬고 싶다는 말이 정말 몸이 피곤하기보다 운전하는 것이 싫어서 여행을 가지 않으려 하는 것일 수도 있다. 이럴 때 아내가 대신 운전하고 여행지에 가서 남편을 그냥 쉬게 하는 것도 한 방법이 될 수 있다.

그런데 대다수 사람들은 먼저 자기 주장을 내세우는 것이 습관화되어 있다. 그래서 서로의 주장이 정면으로 대립할 때는 이를 해결하기 위해 서로 조금씩 양보하는 것이 가장 좋은 방법이다. 그러나 양보는 자기 주장에 대한 명분을 잃는 것이고 체면을 손상시키는 것으로 여기는 경우가 많다. 특히 가부장적인 생활태도를 가진 우리나라 남성들의 경우 자기 주장에 대한 체면 손상은 남자의 자존심과 연결된 문제로 생각한다. 따라서 각자 자기 주장을 관철하려고 양보하지 않으면 승패게임에 돌입하게 된다. 그러나 서로가 각자의 주장 이면에 숨겨진 동기를 발견하게 되면 서로의 동기를 만족시키는 범위에서 갈등을 해결할 수 있게 된다.

셋째, 갈등해결을 통해 가족의 공동 이익을 만들어 내는 것이다. 여기서는 자기 이익의 극대화가 아니라 가족 전체의 이익의 극대화라는 관점을 갖도록 하는 것이다. 일반적으로 갈등관계에 있으면 자신에게 주어질 이익에만 몰입하는 경향이 있어서 상대방과 자신의 전체 이익에 대해서는 생각하지 못하게 된다. 이때 서로의 동기가 다르다는 것을 알게 됨으로써 자기에게 중요한 것이 상대방에게는 중요하지 않음을 아는 것이 필요하다. 이렇게 되면 자기에게 중요하지 않지만 상대에게는 중요한 것을 양보하고 그 대신에 자기에게 중요하지만 상대에게는 중요하지 않은 것을 선택하는 방식을 취하게 된다.

프로그램의 구성 요소 및 내용

여기에 소개되는 다문화가족 갈등관리 프로그램은 크게 네 가지 형태이다. 먼저 일반적인 갈등관리 프로그램이다. 이 프로그램은 거의 모든 갈등 상황에서 적용할 수 있는 내용으로 구성된 것이지만, 다문화가족 갈등관리 프로그램으로서도 적절한 것이다. 두 번째는 다문화가족 갈등관리를 위한 미술치료 프로그램으로 미술활동을 통해 가족 간의 갈등 상황을 극복하도록 설계된 것이다. 세 번째는 예술치료 프로그램이다. 이 프로그램은 사용되는 매체의 다양성이 특징이며 음악과 미술, 동작 등이 통합되어 활용된다. 마지막은 부부만을 위한 프로그램이다. 다문화가족의 경우 가장 일차적인 갈등이 부부에게서 발생하기 때문에 다문화 부부의 갈등을 감소시키거나 해결할 수 있는 프로그램으로 구성되어 있다.

다음에 소개되는 갈등관리 프로그램은 10회기 내외로 구성된다. 전체적으로 도입, 실행, 종결의 세 단계로 구분하여 각 회기를 실시한다. 도입 단계에서는 프로그램의 소개, 프로그램 참가자들 사이의 친밀감과 신뢰감 형성, 개선하고자 하는 행동의 개념과 의미와 특징, 참가자들이 겪고 있는 갈등의 확인 등의 활동을 하게 된다. 실행 단계에서는 자기와 타인의 모습 확인하기, 자기와 타인의 정서 확인하기, 적절한 의사소통 방법의 훈련 등의 내용이 전개된다. 종결 단계는 이 프로그램을 통해 느낀 점과 학습한 내용들을 점검하고, 최종적으로 일상생활에서 갈등에 어떻게 대처할 것인지 등을 점검하는 활동으로 구성된다.

여기에 제시된 프로그램을 진행할 때 프로그램 지도자는 집단을 구성하는 방법과 진행 요령에 대해 충분히 알고, 프로그램 진행을 위한 세심한 계획을 해야 한다. 또한 개인적 또는 가정적 갈등에 관련된 것이기 때문에 이러한 갈등을 드러내는 것을 꺼리게 되는 것이 일반적이다. 따라서 프로그램을 진행하는 전체 과정이 아주 허용적이고 지지적인 분위기가 되도록 신경을 써야 한다. 프로그램 참여자의 수는 프로그램을 수행하는 장소에 따라 다소 차이가 있겠지만 10~15명 정도로 구성하는 것이 바람직하다. 만약 참여자가 15명이 넘을 때는 조력자를 두는 것이 효율적인 프로그램 운영에 도움이 된다. 그리고 다문화가족이기 때문에 참여자들의 출신 국가에 대한 고려가 반드시 있어야 한다. 다양한 출신 국가로 구성하는 것이 때로는 효과적일 수 있지만, 언어적 차이로 인한 의사소통의 문제가 발생할 수 있음도 충분히 고려해야 한다. 또한 프로그램 진행을 돕는 인력 가운데 의사소통 문제를 해결할 수 있도록 참가자들의 언어와 관련된 외국어에 능통한 사람도 반드시 확보하는 것이 좋다.

일반적 갈등관리 프로그램

이 프로그램은 특정 계층이나 집단을 대상으로 한 것이 아닌 일반적 갈등관리 훈련 프로그램을 개발한 것[예 : 훈련 프로그램으로 개발된 것(이수원과 박광엽, 1992)]을 토대로 하여 다문화가족의 특성을 반영하여 수정한 것이다. 이 프로그램은 8회기로 구성되어 있으며 집단으로 진행된다. 구체적인 내용은 다음과 같다.

1회기 : 프로그램 소개 및 친밀감 형성

프로그램 소개

목적

프로그램의 필요성과 목적, 프로그램의 성격에 대해 소개한다. 그리고 프로그램 진행상의 유의사항을 전달하여 참가자들이 프로그램에 대해 준비하고 적극으로 참여하도록 한다. 절차는 프로그램 지도자가 프로그램의 필요성과 목표, 프로그램 참여 시 참가자들이 지켜야 할 유의사항 등을 안내한다.

자기소개

목적

자신의 특성을 확인할 수 있는 기회를 통해 자기이해를 하고, 자기의 특성을 다른 구성원에게 소개하여 참가자들 간의 이해 및 신뢰와 친밀감을 형성하도록 한다. 아울러 프로그램 참가 동기를 밝힘으로써 보다 적극적인 참여 태도를 갖도록 한다.

준비물

백지, 필기도구

절차

① 백지를 나누어 주고 각자 별명을 짓도록 한다.

② 별명을 지은 후 자기 이름, 거주지, 출신 국가, 가족관계, 취미, 별명을 짓게 된 이유, 프로

그램에 참가하게 된 동기 등에 대해 발표한다.

③ 참가자들이 긴장을 풀고 편안하게 참여할 수 있도록 지도자가 먼저 시범을 보인다.

④ 참가자들의 발표가 모두 끝나면 서로 별명을 익히고 처음 만난 소감을 나누는 시간을 갖는다.

친밀감 형성

목적

참가자들 사이에 친밀감과 신뢰감을 형성하게 하여 서로 사적인 정보를 교환하고 보다 자유롭고 적극적인 상호작용이 이루어질 수 있도록 한다.

절차

참가자들을 소집단으로 나눈다. 소집단의 크기는 전체 집단의 인원에 따라 다르지만 3개 정도로 구성한다. 손수건을 바닥에 깔고 그 위에 모든 소집단 구성원이 서게 한다. 그리고 손수건의 크기를 점점 작게 하여 구성원이 함께 서 있도록 한다. 이러한 활동은 두 가지 형태로 할 수 있다. 한 가지는 가능한 한 빠른 시간에 할 수 있도록 하는 방법과, 다른 한 가지는 가능한 한 오랫동안 함께 손수건 위에 있도록 하는 방법이다. 이 활동은 3~5회 정도 반복하고 난 후 참가자들에게 느낀 바를 발표하도록 한다. 아주 작은 공간에서 서로 밀착되어 떨어지지 않으려 할 때의 느낌과 참가자들의 행동이나 활동 과정에서 자신이 관찰한 내용들을 발표하도록 한다.

수건 돌리기
출처 : 영남일보(2006. 6. 1)

2회기 : 갈등의 이해

목적

갈등의 개념과 의미를 알게 하고 갈등이 가진 양면성, 즉 부정적인 측면과 긍정적인 측면 및 갈등의 역동적 관계를 이해하도록 하여 갈등에 대해 올바른 인식을 갖도록 한다.

절차

프로그램 지도자는 다음의 내용에 대해 설명하고, 참가자들이 자신의 생각과 감정을 개방할 수 있도록 유도한다.

① 갈등의 개념, 양식, 성격
② 갈등을 일으키는 요인
③ 갈등의 부정적 측면과 긍정적 측면
④ 갈등 상황에서 협상 결과 승자와 패자의 감정과 영향
⑤ 갈등 상황이 가족 구성원에게 미치는 영향
⑥ 갈등에 대한 대처 방법 : 갈등 상황에 대처하는 방법에 대해 서로 이야기를 나눈다. 갈등에 대처하는 형태(힘겨루기, 합의 등)의 특징을 정리한다.
⑦ 효과적인 갈등관리 방법

3회기 : 위기와 갈등의 진술, 갈등관리 양식의 확인

위기와 갈등 드러내기

목적

참가자들이 경험한 위기 상황과 감정을 파악하고 참가자들이 자신의 위기 상황과 감정을 명확하게 인식하도록 한다.

준비물

위기 상태를 파악하는 활동지, 개인의 갈등관리 양식을 파악하는 활동지

참가자들이 일상생활에서 경험한 또는 현재 경험하고 있는 위기와 갈등을 명료화할 수 있도록 위기 상태와 갈등관리 양식을 파악하는 활동지를 배포한다. 참가자들에게 솔직하고 구체적으로 기재하도록 지시한다.

① 위기 상태를 파악하는 활동지에 참가자들이 경험한 또는 현재 경험하고 있는 가족 간 위기 상황(특히 부부 간 위기)을 한 가지씩 구체적으로 기술하도록 하고, 그 상황에서 어떻게 대처하고 있으며, 결과는 어떠했고, 현재는 어떤 상태인지를 기술하게 한다.

② 원하는 사람에 한해 자기의 위기 상황을 소집단 구성원들과 서로 이야기를 나누게 한다. 위기 상황에서 본인의 느낌과 대처 방안 등에 대해 말하고 다른 참가자들이 그의 입장에서 공감해 준다.

③ 갈등관리 양식 활동지에 참가자들이 경험한 또는 현재 경험하고 있는 가족 간 갈등 상황(특히 부부간 갈등)을 한 가지씩 구체적으로 기술하도록 하고, 그 상황에 어떻게 대처하고 있으며, 결과는 어떠했고 현재는 어떤 상태인지를 기술하게 한다.

④ 원하는 사람에 한해 자기의 갈등 상황을 소집단 구성원들과 토론하도록 한다. 갈등 상황에서 본인의 느낌과 대처방안 등에 대해 말하고 다른 참가자들이 그의 입장에서 공감해 준다.

위기 상태를 파악하는 활동지

생활을 보면 위기 상황을 만나는 경우가 있습니다. 이때 당신은 어떻게 느끼고 대처하는지 각 문항에 기술하시오.

1. 자신이 경험한 또는 현재 경험하고 있는 가족 간 위기 상황(특히 부부간 위기)을 한 가지씩 구체적으로 기술하시오.

2. 위기 상황에 어떻게 대처하고 있으며 결과는 어떤지 기술하시오.

3. 현재 상황은 어떤지 기술하시오.

갈등관리 양식 활동지

당신은 갈등 상황에 대해 어떻게 느끼고 대처하는지 각 문항에 대해 기술하시오.

1. 당신이 경험한 또는 현재 경험하고 있는 가족간 갈등 상황(특히 부부간 갈등)을 한 가
   지씩 구체적으로 기술하시오.

2. 갈등 상황에 어떻게 대처하고 있으며 결과는 어떤지 기술하시오.

3. 현재 상황은 어떤지 기술하시오.

해결을 위한 갈등문제 선정

목적

참가자들이 공동으로 해결하고 싶은 갈등문제를 선정하도록 한다.

준비물

공동 갈등문제를 작성할 종이

절차

① 참가자들이 활동을 하는 동안 함께 다룰 수 있는 갈등문제를 선택하기 위해 소집단을 구성하고, 각 소집단에서 공동으로 다룰 수 있는 갈등문제를 구성원들에게 소개한다.
② 소집단에서 공동으로 다루게 되는 갈등문제는 각 참가자들이 소개한 내용 가운데 다수결로 선택하여 소집단의 문제로 제시한다.

갈등해결 양식의 진단

목적

참가자 각각의 갈등해결 양식을 파악하게 한다. 갈등해결 양식을 비교하여 효과적이고 적절한 갈등해결 양식을 선택할 수 있도록 한다.

준비물

각자의 갈등해결 양식을 파악하기 위한 활동지

절차

① 프로그램 지도자는 참가자들이 일상생활에서 갈등 상황에 직면했을 때 어떻게 행동하는지를 갈등해결 양식 활동지에 응답하도록 안내한다. 이때는 참가자들이 정직하게 자신의 갈등해결 양식을 선택할 수 있도록 갈등해결을 조사하는 이유와 필요성을 설명하여 분위기를 조성한다.
② 갈등해결 양식을 분류하고 각 양식의 장점과 단점을 소집단 내에서 서로 이야기를 나눈다.
③ 갈등 상황에서 참가자들이 왜 그러한 갈등해결 양식을 사용하게 되었는지, 그 결과는 어떠

했는지 등을 소집단 내에서 서로 이야기를 나누고 발표한다.

4회기 : 사람과 갈등문제를 분리하기

갈등의 악순환 체험하기

목적

갈등 상황이 증가하는 과정을 이해하고, 감정의 악순환이 갈등 당사자 및 가족에게 미치는 영향을 인식할 수 있도록 한다.

절차

① 갈등의 악순환 사례를 참가자들에게 제시하고, 참가자 가운데 자원하는 2명을 선정하여 갈등사례를 재연하도록 한다.

② 참가자들로 하여금 재연된 갈등 상황에서 부정적인 감정적 대화가 진행된 원인을 소집단 참가자들끼리 생각해 보도록 한다.

③ 갈등 상황에서 감정의 악순환적 대화가 갈등 당사자 및 가족들에게 미치는 영향에 대해 토론하도록 한다.

갈등의 원인 찾기

목적

갈등 상황에서 악순환이 거듭되는 것은 갈등이 발생한 상대의 행동에 대한 원인 찾기에서 차이가 있음을 알도록 한다. 갈등의 원인을 어디서, 어떻게 찾느냐에 따라 갈등 상황에 대한 대처 행동이 달라질 수 있다는 것을 알게 한다.

절차

① 갈등 상황에서 상대의 행동(예 : 애들이 이 지경이 되도록 당신은 집에서 뭘 하고 있었소?)에 대한 대응행동과 상대방이 그와 같이 행동한 원인을 소집단에서 서로 이야기를 나누면서 찾아본다.

② 갈등 상황에서 상대의 행동에 대한 원인을 어디서, 어떻게 찾느냐에 따라 갈등 당사자의 감

정과 대응행동이 어떻게 달라지는지를 재연을 통해 체험하도록 한다.

③ 갈등 상황에서 상대 행동의 원인을 찾는 과정에서 나타나는 오류를 제시하고, 그러한 원인 찾기 과정의 오류가 나타나는 이유를 소집단 내에서 서로 이야기를 나눈다.

④ 소집단 내에서 공동으로 해결을 하기 위해 제시된 갈등사례에서 갈등 당사자들이 보는 갈등의 원인을 소집단별로 찾아본다. 그 후 소집단별로 당사자 간에 일치하는 점과 일치하지 않는 점에 대해 서로 이야기를 나눈다.

⑤ 각자의 개인 갈등사례에서 자신이 보는 갈등의 원인을 찾은 후 상대방은 갈등의 원인을 어떻게 보고 있는지를 찾아본다.

⑥ 갈등의 원인 찾기 과정에서 오류로 인해 갈등이 증폭되며, 악순환 대화가 나타나는 과정에 대해 소집단 내에서 참가자들 상호 간에 느낀 점을 공유하도록 한다.

5회기 : 배후 동기 찾기

배후 동기의 이해

목적

갈등의 바탕에 있는 각자의 동기 차이를 이해하고, 동기의 차이가 미치는 영향에 대해 파악한다.

절차

① 지각의 원리와 선택적 지각 현상을 이해하도록 한다.
② 인간의 동기에 대한 이해, 동기와 다른 기본적 요구의 관계를 이해하도록 한다.

배후 동기 찾기

목적

사례를 통해 갈등관계에 있는 당사자들 주장의 이면에 숨겨져 있는 동기를 파악할 수 있는 방법을 알도록 한다.

절차

참가자들이 갈등 상황에서 자기의 동기를 효과적으로 찾을 수 있도록 갈등사례를 제시하고 소집단 내에서 협력하여 갈등사례에서 당사자들의 동기를 찾도록 자유롭게 서로 이야기를 나눈다.

① 상대방이 '왜' 그렇게 주장하는지 생각해 본다.
② 상대방이 자기 주장에 대해 왜 동의하지 않는지 생각해 본다.
③ 소집단에서 집단원이 서로 이야기를 나누면서 찾은 동기의 우선순위를 매긴다 ─ 갈등사례에서 갈등 당사자의 주장의 이면에 있는 동기가 갈등 당사자에게 얼마나 중요한지를 소집단 토론을 통해 결정하도록 한다.
④ 소집단 활동을 통해 찾은 숨은 동기를 분류한다. 갈등사례 속에서 갈등 당사자들의 숨은 동기 중 일치하는 동기와 일치하지 않는 동기를 분류한다.

역할극을 통한 동기 찾기

목적

소집단에서 선택한 공동의 갈등문제에 대해 역할극을 통해 갈등 당사자들의 숨은 동기를 찾고 그 동기들의 차이를 이해하도록 한다.

준비물

역할극을 위한 의자 2개

절차

갈등 상황에서 각자가 주장하는 이면에 숨겨진 동기가 있다. 역할극을 통해 자신의 동기는 물론 상대의 입장에 있어 봄으로써 상대방의 숨은 동기를 이해할 수 있는 기회를 마련한다.

① 이 활동을 하는 동안 참가자들이 공동으로 해결하고자 했던 갈등문제에 대한 역할극을 수행하기 위해 소집단별로 공동 갈등문제의 당사자의 입장을 대변할 사람을 1명 선택한다.
② 소집단별로 참가자들 각자가 자신의 입장을 관철하기 위해 사전 시나리오를 참가자들과 협력하여 작성한다.
③ 소집단의 대표를 의자에 앉게 한 후 서로의 입장을 옹호하고 상대에게 자신의 입장을 관

철하도록 대화를 나누게 한다. 다른 참가자들은 이들의 대화를 잘 듣는다.

④ 각자의 입장을 지지하는 대화를 마친 후 역할을 바꾸어 반대되는 입장에서 역할을 수행하도록 한다. 이를 위해 자리를 바꾸어 앉는다.

⑤ 역할극을 통해 느낀 점을 참가자들과 함께 얘기를 나눈다.

⑥ 공동 갈등문제에서 갈등 당사자의 숨은 동기를 집단 참가자들과 협력하여 찾도록 한 후 숨은 동기의 우선순위를 결정한다. 또한 불일치하는 동기와 공동의 동기가 무엇인지를 분류한다.

⑦ 공동 갈등문제에 대한 당사자들의 숨은 동기를 찾은 후 자신의 갈등문제에 대한 자신과 상대의 숨은 동기를 찾는 시간을 갖는다.

6회기 : 공동의 이익 만들기

개인적 이익과 전체 이익에 대한 이해

목적

갈등해결 과정에서 개인의 이익을 극대화하기보다 전체의 이익을 극대화해야 한다는 관점의 전환에 대한 필요성을 인식하고, 동기에 기초한 갈등해결을 유도한다.

절차

갈등 당사자 간의 관점의 차이를 이해시키고 전체의 이익 추구를 위한 관점을 방해하는 오류를 체험하도록 한다.

① 개인의 이익을 극대화하려는 갈등해결 사례를 조사한다.
② 전체의 이익을 극대화하려는 갈등해결 사례를 조사한다.

동기 차이의 관리 : 전체 이익 극대화하기

목적

갈등 상황에서 당사자들 각자가 주장하는 이면에 숨겨진 동기의 차이를 관리하는 방법에 따라 갈등해결의 결과가 달라질 수 있음을 이해하도록 한다.

동기 차이의 기본방향을 소개하고, 갈등 차원이 아닌 이해 차원에서 동기 차이를 관리할 필요성을 제시하고 경험하도록 한다.

① 동기 차이의 관리 과정 : 지배 혹은 경쟁/협력 혹은 통합
② 동기 차이의 관리 결과 : 아이디어 말살/새로운 아이디어 창출
③ 갈등 상황에서 당사자 모두를 수용하는 사고방식으로 전환
④ 소집단에서 바람직한 동기 관리의 방향을 위한 필요성을 참가자들이 상호 토론하도록 한다.

쌍방 동기 거래하기

목적

참가자들은 이 활동을 통해 갈등 상황에서 당사자 모두가 만족하고 가장 효과적으로 갈등을 관리할 수 있는 원칙을 이해하도록 한다.

준비물

갈등문제해결을 위한 동기 거래안

절차

앞의 회기에서 작성된 갈등 당사자들의 각 주장의 이면에 숨겨진 동기와 그 우선순위를 참고하여 참가자들로 하여금 갈등문제를 가장 효과적으로 관리할 수 있는 방법에 대해 서로 이야기를 나누게 한다.

① 전체의 이익을 극대화하기 위한 협상을 하는 데 필요한 원칙을 알도록 한다.
  ● 공동의 동기 활용하기 : 공동의 동기가 갈등 당사자들에게 주는 의미를 생각해 보고 그것이 갈등해결 과정에 미치는 효과를 찾아낸다.
  ● 불일치하는 동기 거래하기 : 당사자의 동기 우선순위에 기초하여 양보할 수 있는 항목과 양보할 수 없는 항목을 결정한다.

② 공동 갈등문제에 대한 참가자들 각자의 해결(동기 거래안)을 위의 원칙을 참고하여 작성하도록 한다.

③ 각자가 작성한 동기 거래안을 가지고 참가자들과 협력하여 최종안을 만들도록 한다. 참가자들과 함께 공동 갈등문제해결을 위한 최종안을 만들 때 brain-storming 기법을 사용할 수 있다.

④ 공동의 갈등문제에 대한 최종 해결방법을 작성한 후 각자 개인의 갈등문제를 당사자 모두가 만족할 수 있도록 거래안을 작성한다.

⑤ 갈등문제를 해결하기 위한 노력이 성과가 없을 때의 방법을 강구할 수 있는 사고 과정을 숙지시킨다. 갈등문제의 해결방안을 생각해 내기 위한 네 가지 사고과정은 다음과 같다.

첫째, 실제적인 측면에서 무엇이 문제인지, 현재의 증상은 무엇인지, 바람직한 상황과 비교하여 무엇이 불편한지를 파악한다.

둘째, 이론적인 측면에서 문제를 진단하고, 증상을 분류하고, 원인을 추측하고, 무엇이 결여되었는지 확인하고, 문제해결의 장애물은 무엇인지를 확인한다.

셋째, 이론적인 측면에서 가능한 전략이나 대책은 무엇인지, 이론적 해결책은 무엇인지, 일반적인 조치는 무엇인지를 확인한다.

넷째, 실제적인 측면에서 무엇을 할 수 있는지, 문제를 처리하는 구체적인 방법은 무엇인지를 확인한다.

7회기 : 예외적 갈등 상황 다루기

상대방이 우세할 때의 갈등해결 방법

목적

갈등 상황에서 상대방이 자기보다 힘과 권력이 우세할 때 문제 상황에 대처하는 방법을 이해한다. 그리고 갈등해결을 위한 협상 장면에서 힘의 진정한 의미를 이해한다.

절차

① 자기의 갈등 상황에서 상대방과 자기 사이에 누가 힘이 있는가를 확인한다. 협상이 결렬되

었을 때 누가 손해가 많은지를 분석한다.

② 힘의 불균형 속에서 갈등해결은 항상 협상 결렬을 염두에 두고 대안을 마련해야 한다. 대안을 작성하는 데 있어서 다음의 세 가지 사항을 검토해야 한다. 첫째, 합의에 도달하지 못할 경우 취할 수 있는 조치에 대한 목록을 작성한다. 둘째, 가능성이 있는 안을 개정하여 그것을 실제적인 대안으로 제시한다. 셋째, 가장 바람직한 것으로 판단되는 대안을 잠정적으로 선택한다.

③ 상대가 힘이 훨씬 강할 때의 협상 방법을 소집단에서 토의하여 가장 효과적으로 대처할 수 있는 방안을 소집단별로 작성하여 발표하도록 한다.

상대가 협상에 응하지 않을 때의 갈등해결 방법

목적

갈등 상황에서 서로 상대방의 행동에 대해 이해하려 하지 않고 절대 물러서지 않으려 할 때 상대가 본질적인 협상에 응하도록 하는 방안을 이해하도록 한다.

절차

① 상대의 관심을 문제의 본질로 돌릴 수 있는 방안을 소집단에서 토론하고 정리하여 발표하도록 한다.

② 소집단 발표내용을 정리하여 효과적인 방법을 제시한다. 문제에 초점 맞추기, 유도형 협상술, 제3자에 의해 해결하는 방법 등이 있다.

상대가 기만적인 수단을 사용할 때의 갈등해결 방법

목적

갈등 상황에서 상대가 속이거나 여러 가지 기만적인 심리적 책동을 사용할 때의 효과적인 대응방안을 이해한다.

절차

① 소집단 내에서 참가자들이 경험한 기만적 수단의 경험을 나누고, 이에 어떻게 효과적으로 대처할 것인가에 대해 서로 이야기를 나눈다.

② 소집단 발표내용을 정리하여 효과적인 방안을 제시한다. 사람과 문제의 분리, 주장이 아닌 이해에 초점을 맞추기 등의 방법이 있을 수 있다.

8회기 : 마무리

목적
각 참가자들이 이 활동에 참가하여 느낀 점을 발표하도록 하여 프로그램을 다시 정리하고, 일상생활에서 이 활동을 통해 학습하고 경험한 것을 적용하는 데 있어서 새로운 각오를 하도록 한다.

준비물
백지 및 필기도구

절차
지도자는 참가자들에게 이 프로그램 활동을 통해 느끼고 학습한 것을 중심으로 소감문을 작성하도록 한다. 특히 자신의 갈등 상황을 어떻게 이해하게 되었으며, 어떤 방법으로 해결해 나갈 것인지에 대한 자신의 결정을 발표하도록 한다.

소감문 작성이 끝나면 한 사람씩 발표를 하도록 하고 발표가 끝난 후에 지도자는 이 프로그램의 성격과 의미를 다시 한 번 정리하고 참가자들에게 격려와 감사를 표시한다.

콜라주 기법을 활용한 갈등관리 집단 프로그램

콜라주 기법은 일본에서 개발되어 최근 급속하게 보급되고 있는 미술치료 기법의 하나로, 잡지 등 인쇄물에서 오려 낸 조각을 도화지에 붙여서 작품을 완성하는 것이다. 이 기법은 실시가 간편하고 작품의 보존이 가능하며 내담자에 대한 이해를 깊게 하는 데 도움이 된다.

잡지 사진을 활용하는 이 콜라주 기법은 1972년 Burk와 Provancher가 미국작업치료지에 평가 기법으로 게재한 것이 최초이며, 이후 일본의 杉浦에 의해 치료 기법으로서 연구, 개발되어 활용되고 있다. 이 기법은 내담자의 관심과 흥미를 분명하게 해 주며 사진이나 그림만을 이용해서도 자신의 감정을 쉽게 나타낼 수 있는 장점을 갖는다. 뿐만 아니라 부적절한 감정이나 욕구 불만 등의 내적 욕구를 표현하는 데 있어서도 많은 효과가 있다.

나아가 퇴행행동을 잘 표현할 수도 있으며 내담자의 방어기제가 적기 때문에 자기표출이 용이하다는 장점도 있다(이근매, 2008). 콜라주는 치료의 효과뿐만 아니라 그리기를 힘들어 하거나 상담의 초기면접 시 활용하여 내담자의 방어를 줄이고 정보를 얻는 데 많은 도움을 주고 있다. 즉 치료자는 내담자의 작품에 나타난 형태나 내용 등을 분석하고 해석하는 과정에서 내담자를 치료할 수 있다는 것이다.

따라서 이 콜라주 기법은 언어표현에 어려움이 있는 다문화가족의 갈등을 해결하는 데 도움을 줄 수 있는 좋은 도구이다. 여기에서 소개하는 집단 프로그램은 결혼이주여성의 가족과 자녀와의 갈등해결에 도움을 줄 수 있다.

콜라주 집단미술치료 프로그램은 콜라주 기법을 중심으로 초기(1~3회기), 중기(4~7회기), 후기(8~10회기) 단계로 구성하였다. 콜라주 집단미술치료의 단계적 목표와 각 회기별 내용을 구체적으로 살펴보면 〈표 8.1〉과 같다.

표 8.1 **콜라주 기법을 활용한 갈등관리 집단 프로그램**

회기	프로그램
1	자기소개하기
2	나를 표현하기
3	풍경구성법
4	가족
5	자녀가 나에게 주는 의미
6	남편이 나에게 주는 의미
7	가족에게 주고 싶은 것
8	10년 후 나의 모습
9	집단 구성원에게 주고 싶은 선물
10	가족에게 주고 싶은 선물

초기 : 1~3회기

초기 단계는 집단 구성원 간의 친밀감 및 신뢰감을 형성하고 콜라주 작업에 대한 흥미를 유발하도록 한다. 또한 매 회기마다 제시된 주제에 대해 자유롭게 표현해 봄으로써 콜라주 작업을 통한 자기표현 및 자신의 감정, 자신의 갈등 상황 등 자기탐색이 가능하도록 한다.

1회기 : 자기소개하기

목적

콜라주 기법을 통해 집단 구성원과 친밀감 및 신뢰감을 형성하고자 한다.

준비물

다양한 잡지, 흰색 도화지(4절), 풀, 가위, 연필, 지우개, 사인펜, 명찰

절차

① 치료사는 집단 구성원에게 집단의 목적과 집단 내에서 지켜야 할 규칙에 대해 알려 주고 최대한 지킬 수 있도록 확인한다.
② 명찰에 별명을 적은 후 자유롭게 한 사람씩 자신의 별명 소개와 프로그램에 대한 기대를 발표하도록 한다.
③ '자기소개'를 주제로 콜라주 기법으로 작품을 완성해 보게 한다. 치료사는 집단 구성원에게 자신을 소개할 수 있는 사진이나 그림을 잡지에서 찾은 후 자유롭게 잘라 종이 위에 붙이도록 한다. 이때 사진이나 그림은 원하는 위치에 풀을 이용하여 붙이도록 하고 제한 없이 자유롭게 활동할 수 있도록 촉구한다(자르는 방법은 집단 구성원에 따라 가위를 이용할 수도 있고 손으로 찢을 수도 있으며, 연령이나 증상을 고려하여 실시하도록 한다).
④ 작품을 완성하면 작품에 제목을 붙이도록 한다. 콜라주를 실시하는 과정에서 느낀 감정과 실시 후의 느낌, 통찰한 부분 등을 글로 작성하게 한다(한국어 표현이 가능하거나 같은 언어를 사용하는 집단 구성원끼리 서로 글로 작성한 내용을 함께 나누도록 한다).

자기소개 ─ '나는'

2회기 : 나를 표현하기

목적

콜라주 기법으로 '나'를 표현해 봄으로써 구체적인 자기표현 및 자신의 감정, 자신의 갈등 등 자기탐색이 가능하도록 한다. 또한 서로에 대하여 구체적으로 알게 되는 기회를 제공함으로써 집단 구성원과의 친밀감을 형성하고자 한다.

준비물

다양한 잡지, 도화지(4절, 8절), 풀, 가위, 연필, 지우개, 사인펜, 크레파스

절차

① 지난 한 주간 경험했던 일들에 대해 간단히 서로 나누도록 한다.

   (상황에 따라 두 명씩 짝을 지어 이야기를 나누게 한다.)

② 콜라주 기법으로 '나'를 표현해 보게 한다. 잡지 사진으로 표현이 어려운 경우에는 그림을 그려도 좋다고 이야기한다.

나—'행복한 나'

③ 콜라주 작품 완성 후 실시방법은 1회기와 동일하다.

3회기 : 풍경구성법

목적

진단도구로서뿐만 아니라 치료 과정에서 활용되고 있는 풍경구성법을 실시하여 집단 구성원의 내면을 이해하고 치료적인 효과를 갖도록 한다. 풍경구성법은 그림을 그리는 것에 부담이 있는 사람에게도 도입이 쉽다는 장점이 있다. 또한 풍경과 채색을 통하여 집단 구성원에게 감정 발산을 촉진시켜 편안함을 제공하는 데 도움을 준다.

준비물

A4용지, 검은색 사인펜, 크레파스, 색연필

절차

① 지난 한 주간 경험했던 일들에 대해 간단히 서로 나누도록 한다.

풍경구성법

② 집단 구성원에게 한 장의 A4용지와 검은색 사인펜을 나누어 준다. 각자 A4용지에 검은색 사인펜으로 테두리를 그린 다음 다른 집단 구성원과 교환하도록 한다.

③ 치료사는 집단 구성원에게 풍경을 그려 보라고 말한 후 치료사가 제시하는 사물을 테두리가 그려진 A4용지에 순서대로 그리도록 한다. 치료사가 제시하는 사물, 즉 강, 산, 밭, 길, 집, 나무, 사람, 꽃, 동물, 돌의 10가지 요소를 차례대로 그려 넣어서 풍경이 될 수 있도록 한다. 마지막으로 치료사가 제시한 10가지 사물 외에 추가해서 그려 넣고 싶은 사물이 있는지 물어보고 있으면 그려 넣도록 한다.

④ 그려진 풍경에 크레파스나 색연필로 색을 칠하도록 한다.

⑤ 작품을 완성하면 작품에 제목을 붙이도록 한다. 계절은 언제인가? 하루 중 언제인가? 사람이나 동물은 무엇을 하고 있는가? 어떤 장면인가? 그리면서 느낀 점과 통찰한 것을 글로 적고 집단 구성원들과 함께 나눈다.

중기 : 4~7회기

중기 단계는 집단 구성원 간의 신뢰와 수용, 지지 및 공감 등의 상호작용을 통해서 자기 자신과 가족을 이해하고, 있는 그대로의 모습을 수용하도록 한다. 즉 가족에 대한 갈등관계를 인식하고 재정립하여 올바른 가족관계를 형성하도록 한다.

4회기 : 가족

목적

콜라주 기법으로 가족을 표현해 봄으로써 가족과의 관계를 탐색하도록 한다. 또한 집단 구성원 간의 신뢰와 수용, 지지 및 공감 등의 상호작용을 통해서 자기 자신과 가족을 이해하고 있는 그대로의 모습을 수용하도록 한다.

준비물

다양한 잡지, 도화지(4절, 8절), 풀, 가위, 연필, 지우개, 사인펜

절차

① 지난 한 주간 경험했던 일들에 대해 간단히 서로 나누도록 한다.
② 콜라주 기법으로 '가족'을 표현해 보게 한다.

가족 – '사랑의 가족'

③ 콜라주 작품 완성 후 활동은 이전 회기와 동일하다.

5회기 : 자녀가 나에게 주는 의미

목적

콜라주 기법으로 자녀가 자신에게 주는 의미를 표현해 봄으로써 자녀와의 관계와 갈등관계를 구체적으로 탐색하도록 한다. 또한 집단 구성원 간의 신뢰와 수용, 지지 및 공감 등의 상호작용을 통해서 자녀를 이해하고 있는 그대로의 모습을 수용하도록 한다.

준비물

다양한 잡지, 도화지(4절, 8절), 풀, 가위, 연필, 지우개, 사인펜

절차

① 지난 한 주간 경험했던 일들에 대해 간단히 서로 나누도록 한다.
② 콜라주 기법으로 '자녀가 나에게 주는 의미'를 표현해 보게 한다.
③ 콜라주 작품 완성 후 활동은 이전 회기와 동일하다.

자녀 – '우리 아기'

6회기 : 남편이 나에게 주는 의미

목적

콜라주 기법으로 남편이 자신에게 주는 의미를 표현해 봄으로써 남편과의 관계와 갈등관계를
탐색한다. 또한 집단 구성원 간의 신뢰와 수용, 지지 및 공감 등의 상호작용을 통해서 남편을
이해하고 있는 그대로의 모습을 수용하도록 한다.

준비물

다양한 잡지, 도화지(4절, 8절), 풀, 가위, 연필, 지우개, 사인펜

절차

① 지난 한 주간 경험했던 일들에 대해 간단히 서로 나누도록 한다.
② 콜라주 기법으로 '남편이 나에게 주는 의미'를 표현해 보게 한다.
③ 콜라주 작품 완성 후 활동은 이전 회기와 동일하다.

남편 – '나의 남편은'

7회기 : 가족에게 주고 싶은 것

목적

콜라주 기법으로 가족에게 주고 싶은 것을 표현해 봄으로써 가족을 이해하고, 있는 그대로의 모습을 수용하는 긍정적인 태도를 통해 올바른 가족관계를 형성하도록 한다.

준비물

다양한 잡지, 도화지(4절, 8절), 풀, 가위, 연필, 지우개, 사인펜

절차

① 지난 한 주간 경험했던 일들에 대해 서로 간단히 나누도록 한다.
② 콜라주 기법으로 '가족에게 주고 싶은 것'을 표현해 보게 한다.
③ 콜라주 작품 완성 후 활동은 이전 회기와 동일하다.

가족에게 주고 싶은 것 — '장난꾸러기들에게 주고 싶은 것'

후기 : 8~10회기

후기 단계는 이전의 자신의 갈등 상황을 재인식하고 현재의 모습을 비교하여 달라진 자신의 모습을 발견하고, 자신의 미래 모습을 그려 봄으로써 구체적인 삶의 방향을 설정하도록 한다. 또한 집단 구성원 간의 상호작용을 통해 건강한 자아상을 형성하고 가족에 대해 다시금 소중함과 감사함을 표현해 봄으로써 긍정적인 가족관계를 유지하도록 한다.

8회기 : 10년 후 나의 모습

목적

자신의 갈등 상황을 재인식하고 현재 달라진 자신의 모습을 발견하게 한다. 즉 현재의 내 모습, 내 태도를 명확히 알아차리게 한다. 나아가서 미래의 내 모습을 통하여 삶의 희망을 갖게 하여 현재의 갈등 상황 속에서 극복할 수 있는 힘을 키운다. 콜라주 기법으로 미래의 내 모습, 10년 후 나의 모습을 표현해 봄으로써 구체적인 삶의 방향을 설정하도록 한다.

10년 후 나의 모습 – '10년 후 나는?'

다양한 잡지, 도화지(4절, 8절), 풀, 가위, 연필, 지우개, 사인펜

절차

① 지난 한 주간 경험했던 일들에 대해 간단히 서로 나누도록 한다.

② 콜라주 기법으로 '10년 후 나의 모습'을 표현해 보게 한다.

③ 콜라주 작품 완성 후 활동은 이전 회기와 동일하다.

9회기 : 집단 구성원에게 주고 싶은 선물

목적

집단 구성원에게 주고 싶은 선물을 콜라주 기법으로 표현하도록 한 후 서로 선물을 주고받는
상호작용을 통해 건강한 자아상을 형성하도록 한다.

집단 구성원에게 주고 싶은 선물 ― '감사의 선물'

다양한 잡지, 도화지(4절, 8절), 풀, 가위, 연필, 지우개, 사인펜

① 지난 한 주간 경험했던 일들에 대해 간단히 서로 나누도록 한다.
② '집단 구성원에게 주고 싶은 선물'을 콜라주 기법으로 표현하게 한다.
③ 집단 구성원에게 주고 싶은 선물을 잡지에서 자유롭게 찾아 오린다.
④ 자유로운 방식으로 집단 구성원과 선물을 주고받도록 한 후 각자 받은 선물을 종이 위에 붙이도록 한다. 이때 받은 선물은 원하는 위치에 풀을 이용하여 붙이도록 하고 제한 없이 자유롭게 활동할 수 있도록 촉구하도록 한다.
⑤ 작업 후 활동은 이전 회기와 동일하다.

10회기 : 가족에게 주고 싶은 선물

콜라주 기법으로 가족에게 주고 싶은 선물을 표현해 봄으로써 가족에 대한 소중함과 감사함을 다시금 깨달아 긍정적인 가족관계를 유지하도록 한다.

다양한 잡지, 도화지(4절, 8절), 풀, 가위, 연필, 지우개, 사인펜

① 지난 한 주간 경험했던 일들에 대해 간단히 서로 나누도록 한다.
② 콜라주 기법으로 '가족에게 주고 싶은 선물'을 표현해 보게 한다.
③ 치료사는 집단 구성원에게 가족에게 주고 싶은 선물에 대한 사진이나 그림을 잡지에서 찾은 후 자유롭게 잘라 종이 위에 붙이도록 한다.
④ 작업 후 활동은 이전 회기와 동일하다.

가족에게 주고 싶은 선물 ― '가족 선물'

● 프로그램을 종결하면서 그동안 집단을 통해 느낀 점과 앞으로의 다짐 등을 간단히 나누고 서로에게 지지와 격려를 할 수 있도록 촉구한다. 진정한 참만남 속에 집단 구성원 개개인이 서로에게 든든한 후원자임을 깨닫고 지속적인 관계를 통해 함께 성장할 수 있도록 한다.

미술활동을 통한 갈등해결 프로그램

미술작업을 통해서 심리상담이나 심리치료를 하는 것을 미술치료적 행위라고 할 수 있다. 미술치료는 다양한 상황에서 여러 가지 목적을 위해 미술표현을 활용하는 것을 말하며 미술작업을 통해서 환자로 하여금 통찰을 할 수 있게 도와주는 것이 미술치료의 목적이다. 미술을 통한 전달력은 이용 가능한 매체에서뿐만 아니라 그 표현 기법에 의해서도 효과적으로 작용한다. 내담자가 어떤 재료를 선택하고 선호하는가에 대한 문제는 미술치료를 하는 데 있어 중요한 단서가 된다. 미술치료사가 미술활동을 적용하고 이해하려면 매체의 특성과 사용법, 매체의 장단점 등 풍부한 지식과 경험이 필요한 이유가 여기에 있다. 대상에 따라 다양한 기법을

표 8.2

표 8.2 미술치료 활동을 통한 갈등해결 프로그램

회기	프로그램	회기	프로그램
1	오리엔테이션 및 자기소개	8	풍경화 그리기
2	스크래치	9	점토 만들기(자유롭게)
3	핑거페인팅	10	점토 만들기(가족)
4	꽃병 만들기	11	인생 콜라주
5	프로타주	12	가면 만들기
6	동물 가족화	13	동굴화
7	그림 돌려 그리기	14	선물 꾸미기/작품 전시회

적용할 수 있으며, 치료 기법이라 하더라도 진행 과정 중에 내담자의 심리 진단으로도 활용될 수 있다.

　이 미술활동을 통한 갈등해결 프로그램은 다문화가족이나 결혼이주여성, 외국인 노동자 집단 프로그램에 효과적으로 적용될 수 있다. 미술치료 프로그램은 다양한 미술활동을 중심으로 14회기로 구성하였다. 프로그램의 단계별 목표와 각 회기별 내용을 구체적으로 살펴보면 〈표 8.2〉와 같다.

1회기 : 오리엔테이션 및 자기소개

목적

집단 구성원에게 집단의 목적과 집단 내에서 지켜야 할 규칙을 소개하고 자신의 현재 모습을 다른 이들에게 알리는 동시에 자기를 인식하고 집단 구성원과 친밀감을 형성한다.

준비물

다양한 잡지, 도화지(4절, 8절), 풀, 가위, 연필, 지우개, 사인펜, 색연필 등

절차

① 집단의 규칙 및 프로그램의 목적과 내용을 설명한다. 명찰에 별명을 적은 후 자유롭게 한

자기소개

사람씩 자신의 별명 소개와 프로그램에 대한 기대를 발표하도록 한다.
② 잡지를 이용해 자신을 소개할 수 있는 소재를 오려서 붙이고 꾸민다.
③ 완성 후에는 각자 소개한다.

2회기 : 스크래치

목적

색칠하고 긁어내기 등을 통해 긴장을 이완하고 감정순화에 도움을 준다. 아울러 자신의 갈등 상황을 탐색하며 집단 구성원의 친밀감을 형성한다.

준비물

도화지, 크레파스, 송곳, 이쑤시개, 나무젓가락, 가위, 신문지 등

절차

지난 한 주 동안 경험했던 일들에 대해 간단히 이야기를 나눈다.

① 도화지 위에 여러 가지 밝은색 크레파스로 칠하고 그 위에 검은색이나 어두운색을 덧칠한

스크래치 – '우주'

뒤 송곳이나 날카로운 물건 등으로 긁어서 자신이 표현하고 싶은 것을 그린다.

② 완성 후에는 작품에 제목을 정하여 기재하도록 한다.

③ 마무리 시 미술활동을 실시하는 과정에서 느낀 감정과 실시 후의 느낌, 통찰한 부분 등을 글로 작성하게 한다(한국어 표현이 가능하거나 같은 언어를 사용하는 집단 구성원끼리 작성한 내용을 함께 나누도록 한다).

3회기 : 핑거페인팅

목적

활동을 통하여 근육을 이완하고 집단 구성원과의 친밀감을 형성하며 자신의 갈등 상황에 대한 정서를 해소한다.

준비물

도화지(4절), 전지, 물감, 밀가루 풀, 비눗물

핑거페인팅 – '마음'

지난 한 주 동안 경험했던 일들에 대해 간단히 이야기를 나눈다.

① 종이에 밀가루 풀과 물감을 짜서 손으로 문지른다(비눗물로 부드럽게 풀어 준다).

② 여러 가지 모양을 손가락으로 그려 보기도 하고 촉감을 느낀다.

③ 마지막으로 손가락으로 그림을 그린 후 작품을 완성한다.

④ 완성 후에는 작품에 제목을 정하여 기재하도록 한다.

⑤ 완성 후 활동은 이전 회기와 동일하다.

4회기 : 꽃병 만들기

목적

점토로 꽃병을 만들어 봄으로써 자신의 내면을 표출하여 긴장을 이완해 감정순화를 돕는다.

준비물

점토, 조각칼

절차

① 점토를 이용하여 두드리기, 반죽하기, 주무르기를 한다.

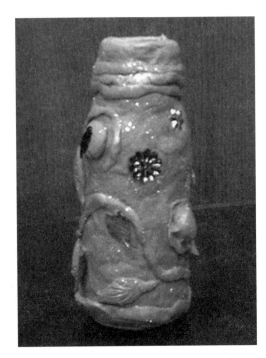

꽃병 만들기 – '아름다운 꽃병'

② 자신이 좋아하는 꽃을 꽂을 세상에서 하나밖에 없는 자신만의 꽃병을 만들어 본다.
③ 완성 후 활동은 이전 회기와 동일하다.

● 빈 병을 활용하여 만들고, 꾸미기 재료를 사용하여 꾸미기를 해도 좋다.
● 색을 칠할 시에는 아크릴 물감을 활용하면 빠르게 건조되고 색이 선명하다.

5회기 : 프로타주

목적

주변 사물을 이용하여 작품으로 표현함으로써 새로운 경험을 음미하게 하며 감정순화에 도움을 주어 현실의 갈등 상황을 인식하게 한다.

프로타주 - '가을'

도화지, 색연필, 연필, 크레파스, 나뭇잎, 동전, 찍기 도형 등

절차

① 식물의 잎이나 베낄 수 있는 물체를 종이 밑에 깔고 색연필 등으로 문질러서 무늬가 나타나 게 한다.
② 작품에 제목을 정하여 기재하도록 한다.
③ 완성 후 활동은 이전 회기와 동일하다.

6회기 : 동물 가족화

목적

가족 구성원에 대한 지각을 통하여 가족 구성원의 현재 역할과 위치를 이해하고 갈등 상황을 인식한다.

동물 가족화 – '우리 가족'

다양한 동물 그림, 가위, 풀, 도화지(4절), 크레파스

절차

① 여러 가지 동물 그림을 나누어 주고 가족 구성원의 이미지를 생각하게 하여 적절한 동물을
   찢거나 오려서 붙이도록 한다.
② 완성 후 활동은 이전 회기와 동일하다.

7회기 : 그림 돌려 그리기

목적

현재의 자기 정서를 이해시키고 자기 동기화를 유도한다. 집단 구성원 서로 간의 감정과 의도
를 정확히 인식하고 타인에 대한 존중감을 향상시킨다.

준비물

도화지(4절), 크레파스

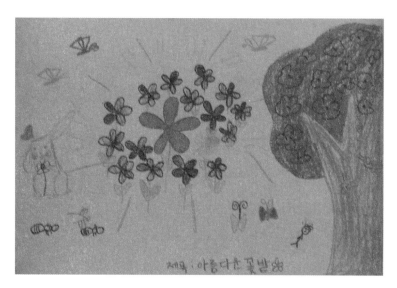

그림 돌려 그리기 – '아름다운 꽃밭'

① 집단 구성원 중 한 사람이 한 가지 색 크레파스를 이용해 비언어적으로 자신의 그림을 5분
  동안 그린 후 시계 방향으로 옆 사람과 서로 교환하여 그림을 그린다. 또 옆 사람과 바꾸어
  다음 사람 그림을 그린다. 한 번씩 돌아갈 때까지 그림을 이어 그린 후 자신의 그림이 돌아
  오면 마무리를 한다.
② 자신의 그림이 되돌아오면 본인이 처음 생각했던 의도와 어떻게 달라졌는지 이야기를 한다.
③ 완성 후 활동은 이전 회기와 동일하다.

8회기 : 풍경화 그리기

목적

자신의 정서상태를 표현하고 타인의 정서를 공감함으로써 집단 구성원의 내면을 이해하고 치
료적인 효과를 갖도록 한다.

준비물

검은색 사인펜, 색연필, 크레파스, A4용지

풍경화 그리기 – '농촌 풍경'

절차

① 풍경을 그릴 것이라고 이야기한 뒤 풍경 구성 요소인 강, 산, 밭, 길, 집, 나무, 사람, 꽃, 동물, 돌의 10가지 요소를 차례대로 불러 주고 검은색 사인펜으로 그리게 한다. (단, 치료사는 한 아이템씩 진행 속도에 맞추어 교시한다.)

② 마지막에 더 그려 넣고 싶은 사물이 있으면 그려 넣고 색을 칠하도록 한다.

③ 완성 후 활동은 이전 회기와 동일하다.

9회기 : 점토 만들기(자유롭게)

목적

자유롭게 점토로 작품을 만들어 봄으로써 자기발견 및 상호 이해를 증진한다.

준비물

점토, 조각칼

점토 만들기(자유) — '상 차리기'

절차

① 점토를 이용하여 두드리기, 반죽하기, 주무르기를 한다.

② 자신이 표현하고 싶은 것을 자유롭게 만든다.

③ 작품에 제목을 정하여 기재하도록 한다.

④ 완성 후 활동은 이전 회기와 동일하다.

10회기 : 점토 만들기(가족)

목적

점토로 가족을 표현해 봄으로써 가족을 이해하고, 있는 그대로의 모습을 수용하는 긍정적인 반영을 통해 올바른 가족관계를 형성하도록 한다.

준비물

점토, 점토 칼, 도화지

점토 만들기(가족) – '우리 가족 눈사람'

① 점토로 가족의 모습을 표현하도록 한다.

② 도화지 위에 가족을 표현한 점토를 올린다.

③ 완성 후 활동은 이전 회기와 동일하다.

11회기 : 인생 콜라주

목적

과거, 현재에 대한 인식을 통해 자신을 돌이켜 보며 자신의 삶의 목표를 확인할 수 있고 현재의 갈등을 재인식하고 해결 방법을 알아차린다.

준비물

도화지(4절), 크레파스, 연필, 펜, 잡지, 가위, 풀

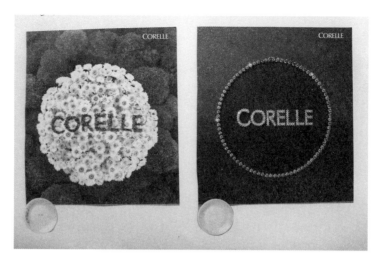

인생 콜라주 — '나의 과거와 현재'

① 잡지 사진 중 나의 인생(과거, 현재)과 관계된 그림을 오려 붙인다.

② 작품에 제목을 정하여 기재하도록 한다.

③ 완성 후 활동은 이전 회기와 동일하다.

12회기 : 가면 만들기

목적

자기 욕구를 인식하고 인생의 목표를 확인할 수 있으며 갈등의 원인이 자신에게 있음을 알아차린다.

준비물

두꺼운 도화지, 색종이, 가위, 풀, 크레파스, 고무줄 등

절차

① 내가 바라는 얼굴을 가면으로 만든다.

② 서로 역할극을 해 본다(동일 언어를 사용하는 사람끼리 2명씩 짝을 이루어 실시한다).

가면 만들기 – '내 얼굴의 두 모습'

③ 역할극 후 활동은 이전 회기와 동일하다.

13회기 : 동굴화

목적

동굴화를 통해 자신의 정서 상태를 인지하고 타인과 자신을 조절하는 능력을 향상시키고 갈등
해결 방법을 습득한다.

준비물

크레파스, 연필, A4용지, 색연필 등

절차

① 먼저 눈을 감고 동굴 안에 있는 자신을 떠올리게 한 다음, A4용지에 동굴 입구 형태의 타원
   모양을 그려 건네 주고 동굴 안에서 타원을 통해 보는 바깥풍경을 그리게 한다.
② 동굴 원 밖을 색칠하게 해도 좋다.
③ 완성 후 활동은 이전 회기와 동일하다.

동굴화 - '동굴에서의 밤'

14회기 : 선물 꾸미기/작품 전시회

자신과 타인은 다르다는 사실을 재확인하고 타인을 있는 그대로 존중하고 가치관을 인정하며 타인에 대한 심리적인 지지가 가능하게 한다.

종이, 색종이, 가위, 풀, 크레파스, 도화지(4절, 8절), 상자, 모루, 방울 등 꾸미기 재료, 지난 회기 작품들

① 서로에게 앞으로의 삶을 축복하는 의미에서 편지와 선물을 만들어 본다.
② 완성 후 의미를 설명하고 발표한다.
③ 지금까지 해 온 이전 회기의 작품을 전시하고 그동안의 경험에 대한 느낌과 통찰된 것을 공유한다.

선물 꾸미기 - '즐거운 선물'

부부관계 향상을 위한 예술심리치료 프로그램

갈등을 해결하기 위한 구체적인 프로그램들은 여러 연구자가 개발하여 적용하고 있다. 물론 이러한 프로그램은 상업적으로 판매되기보다 연구용으로 사용되고 있거나, 특정 전문가가 치료나 상담 집단을 이끌기 위해 구성한 것들이다.

　대다수 갈등관리 프로그램은 주로 부부 집단을 대상으로 하고 있다. 그러나 다문화가족의 경우 부부가 함께 참여하여 활동하는 것은 매우 어려운 것이 현실이다. 일반적인 부부 집단의 경우도 저소득층의 경우는 이러한 집단 활동에 참여할 수 있는 여건을 갖추지 못하고 있다. 또한 우리나라의 경우 부부 관련 프로그램이지만 대부분의 경우 아내만이 단독으로 참여하고 있다. 이는 다문화가족의 부부 역시 동일할 것으로 추측할 수 있다.

　대다수 다문화가족이 경제적으로 어려움에 처해 있기 때문에 부부가 함께 참여할 수 있는 여건이 되지 못하고 있다. 동시에 다문화가족을 위해 계획된 대부분의 프로그램이 외국인 여성 중심으로 구성되어 있다. 따라서 다음에서 제시하는 부부 갈등관리 프로그램 역시 부부 공

표 8.3 부부관계 향상을 위한 예술심리치료 프로그램

회기	프로그램	회기	프로그램
1	도입 및 친밀감 형성	8	우리 것이 좋은 것이여!
2	손잡고 움직이기	9	다른 말 같은 뜻
3	화성 남자, 금성 여자	10	우리 서로 알아 가기
4	통(通)하는가?	11	내 모습은 이래요!
5	이 마음 어찌할까	12	쓰레기 치우기
6	나를 찾아 떠나는 여행	13	우리가 꿈꾸는 세상
7	다른 것이 좋은 것이여!	14	전체 소감 나누기와 사후검사

동 참여가 이루어지면 매우 좋지만 그렇지 못할 경우 여성 중심으로 활동이 가능한 프로그램이다. 이 경우에는 남편 역할과 아내 역할을 참가자들이 서로 대신할 수 있도록 한다. 프로그램의 단계적 목표와 각 회기별 내용을 구체적으로 살펴보면 〈표 8.3〉과 같다.

1회기 : 도입 및 친밀감 형성

목적

프로그램의 목적, 진행 과정, 규칙, 유의사항을 설명하고, 자기소개를 통해 친밀감을 형성한다. 특히 참여 동기를 서로 나누면서 참여자들끼리 동질감을 느끼고 상호간의 유대감을 증진함으로써 프로그램에 대한 기대와 참여 동기를 높인다.

준비물

명찰, 사전검사지, 필기도구

절차

① 부부관계 향상 프로그램의 전체 진행 과정을 설명하고 진행자에 대한 소개를 한다.
② 시간 지키기, 비밀보장, 능동적 참여 등 프로그램의 원활한 진행을 위한 규칙을 설명한다.
③ 결혼만족도, 의사소통양식검사, 갈등척도, 자아존중감척도 등을 실시한다.

④ 명찰에 별명을 쓰고 별명의 의미 및 프로그램 참여의 기대를 돌아가면서 발표한다.

⑤ 명상 음악을 들려주고, 참가자들은 눈을 감고 음악에 따라 각자 하고 싶은 대로 하도록 한다. 앉거나 눕거나 걸어 다니는 등 어떤 것도 허용된다. 신체의 감각이나 느낌을 그대로 느끼고 무슨 생각이 났는지, 무엇을 알게 되었는지 생각하도록 한다.

⑥ 위의 활동에서 각자의 느낌과 생각에 대해 자유롭게 대화를 나눈다. 아직은 참가자들 사이에 자유로운 분위기가 조성되지 않았을 수 있으므로 치료사가 먼저 대화를 시작하여 시범을 보여 준다.

2회기 : 손잡고 움직이기

목표

참가자들의 프로그램 참여에 대한 불안과 긴장을 이완하고, 간단한 움직임을 통해 참가자들의 친밀감을 형성한다.

준비물

명상 음악, 도화지(8절), 색연필 또는 크레파스

절차

① 모든 참가자들이 둥글게 원을 만들어 앉는다.

② 치료사는 참가자들의 신체적, 심리적 긴장 이완을 위해 간단한 준비운동을 안내한다.

③ 원하는 사람에게 현재 자신의 느낌이나 생각을 이야기할 수 있도록 한다.

④ 옆에 앉아 있는 사람과 서로 파트너가 되어 현재 자신의 느낌이나 생각을 이야기할 수 있도록 한다.

⑤ 파트너와 서로 역할을 정한다. 한 사람은 남편이 되고 다른 한 사람은 아내가 된다. 먼저 남편이 눈을 감고 아내가 남편의 손을 잡고 공간을 이동하며 움직인다. 손의 움직임을 다양하게 바꾸며 움직여 간다. 이때 빠른 음악을 들려주기도 하고 느린 음악을 들려주기도 한다.

⑥ 서로 역할을 바꾸어 똑같이 이동한다.

⑦ 움직임이 끝나면 움직이는 동안 각자의 느낌이나 생각을 도화지에 표현하도록 하고, 그것에 대해 서로 이야기를 나눈다.

남녀의 차이

1. 남자는 독립적이어서 어리광을 부리지 않지만 여자는 의존적인 면이 있어서 어리광을 부린다.

2. 남자는 경쟁적이고 목표 지향적이어서 결과를 강조하고 여자는 수용적이고 과정 지향적이어서 결과보다 과정을 강조한다.

3. 남자는 공격적이지만 여자는 양육적인 성격이 강하다.

4. 남자는 잘못했을 때 죄의식을 느끼지만 여자는 수치심을 느낀다.

5. 남자는 지배적이고 우월적인 성향을 보이지만 여자는 복종적이며 열등감을 느끼는 경우가 많다.

6. 남자는 포괄적이지만 여자는 세부적이다.

7. 남자는 대상 지향적이며 사물 감각이 뛰어나지만 여자는 인간 지향적이며 인격 감각이 뛰어나다.

8. 남자는 활동을 함께함으로써 친구를 사귀지만 여자는 감정을 나눔으로써 친구를 사귄다.

9. 남자는 시각 지향적이어서 보고 냄새 맡는 것에 더 민감하지만 여자는 청각 지향적이어서 듣고 만지는 것에 더 민감한 편이다.

10. 남자는 오른쪽 뇌가 발달하여 시공간 능력이 예민하지만 여자는 왼쪽 뇌가 발달하여 언어적 능력이 더 뛰어나다.

11. 남자는 이성적이고 논리적이며 추리적이지만 여자는 감성적이고 직관적이며 사실적이다.

12. 남자는 감정적이기보다 이성적으로 행동하지만 여자는 이성보다 감정이 앞서는 편이다.

13. 남자는 독립적으로 결정하지만 여자는 타인의 암시나 시사에 의해 결정한다.

14. 남자는 유행에 무관심한 편이지만 여자는 유행에 관심이 많고 민감하다.

15. 남자는 현상을 객관적으로 보지만 여자는 현상을 공감하는 편이다.

16. 남자의 사랑은 연극에 있어서 휴식시간이지만 여자의 사랑은 연극 자체이다.

17. 남자는 일을 통해 만족을 찾지만 여자는 관계를 통해 만족을 찾는다.

18. 남자는 직장이나 직업을 통해 자아를 실현하지만 여자는 가정이나 관계를 통해 자아를 실현한다.

19. 남자는 자신의 일에 몰두하는 경향이 있어서 자아 도취성 성격장애가 많지만 여자는 다른 사람에게 지나치게 책임을 느껴서 신경증 질환이 많다.

20. 남자는 승패가 중요하지만 여자는 화목한 관계가 중요하다. 따라서 남자는 '우리'가 아닌 '나'라는 개념으로 홀로 설 수 있지만 여자는 '관계'가 기본적인 욕구여서 홀로 서는 것을 힘들어한다.

21. 남자는 대인관계에서 서열과 위계질서에 관심이 있으며, 어려운 일이 있어도 도움을 잘 청하지 않지만, 여자는 대인관계에서 수평적이고 대등한 관계에 관심이 있으며, 어려운 일이 있으면 도움을 청한다.

22. 남자는 사회적 관점에서 생각하고 판단하지만 여자는 개인적 관점에서 생각하고 판단하는 편이다.

23. 남자는 정상에서 안정을 느끼지만 여자는 관계망의 중심에 있을 때 안정을 느낀다.

3회기 : 화성 남자, 금성 여자

목표

동일한 상황이나 장면에서 남녀가 어떻게 지각하고 이해하고 있는지를 통해 남녀의 차이를 알고 서로의 이해를 증진한다.

준비물

갈등유발 상황 활동지, 남녀 차이에 대한 강의 자료, 필기도구

절차

① 남녀 차이에 대한 연구 결과를 치료사가 강의한다.

② 강의 내용과 배포된 자료를 이용해 남녀 차이에 대해 서로 이야기를 나눈다.

③ 갈등유발 상황을 읽고 그 해결 방안을 찾도록 한다. 해결 방안을 갖고 참가자들이 서로 이야기를 나눈다.

④ 남편이 아내에게 듣고 싶은 말과 아내가 남편에게 듣고 싶은 말을 찾도록 한다.

⑤ 남편은 아내의 말을 듣고 자신의 느낌과 생각을 말하도록 한다. 아내도 남편의 말을 듣고 자신의 느낌과 생각을 말하도록 한다.

⑥ 서로 논의한 것들을 집단 구성원과 함께 발표하고 이야기하도록 한다.

4회기 : 통(通)하는가?

목표

남녀의 대화 방법의 차이점을 이해하여 부부간, 가족 간 의사소통이 원활하게 이루어질 수 있도록 하여 문제해결을 돕는다.

준비물

의사소통 양식 평가척도, 도화지(8절), 그림 그리기에 필요한 도구(크레파스 등), 명상 음악

절차

① 의사소통 양식 평가척도를 실시하여 각자의 의사소통 양식을 파악한다.

② 의사소통에 대한 이론적 지식을 습득한다.

③ 남녀 간 의사소통 방식의 차이를 이해한다.

④ 가정에서 부부간 갈등을 유발했던 상황을 이야기하도록 한다. 그때 느꼈던 각자의 감정을 떠올려 본다.

⑤ 그 감정을 도화지에 그림으로 표현한다. 표현된 그림에 대해 부부가 서로에게 이야기한다. 이야기를 듣는 사람은 자신의 감정이 어떤지를 파악하도록 노력한다. 그리고 상대방의 감정은 어떨지 생각해 본다.

⑥ 각자의 현재 감정을 참가자 전체에게 발표한다. 참가자들은 발표자의 감정을 수용하고 지지해 주도록 한다.

⑦ 명상 음악을 들으면서 참가자들 각각은 신체적, 심리적 긴장 이완을 하도록 한다. 자세는 참가자 각자가 가장 편안하다고 생각하는 대로 한다.

남녀 의사소통 방식의 차이

1. 남자는 공석에서 말이 많지만 여자는 사석에서 말이 많다.

2. 남자는 사실과 정보를 나누고 문제해결을 위한 대화를 하지만 여자는 개인적 관계를 위해 감정적 지지와 공감을 얻으려고 대화를 한다.

3. 남자는 개인적인 질문을 하는 일이 적지만 여자는 개인적인 질문을 더 많이 한다.

4. 남자는 상대방의 말이 끝날 때까지 기다리지 못하고 대화에 개입하게 되고, 그래서 여자는 '그 사람은 아예 내 말을 들으려 하지 않는다'고 말한다.

5. 남자는 말을 무기와 지배 수단으로 사용하는 경향이 있지만 여자는 관계 형성을 위한 다리로 생각한다. 그래서 남자에게 말을 못하게 하면 지배당했다고 생각하고, 여자에게 말을 못하게 하면 관계가 끝났다고 생각한다.

6. 문제가 있을 때 남자는 아내에게 위로의 말보다 문제를 해결하는 방법을 얻기를 원하지만, 여자는 남편에게 실질적인 해결보다 자기 감정에 대한 이해와 동정을 얻기를 원한다.

7. 남자는 아내가 개인적인 수준을 화제에 올리면 시시하고 사소한 얘기를 한다고 생각하지만, 아내는 감정의 긴장을 해소하기 위해 대화를 나누고 싶은 것이다.

8. 남자는 문제를 해결함으로써 긴장과 스트레스를 해소하지만 여자는 자신이 느끼는 문제를 이야기함으로써 긴장과 스트레스를 해소한다.

9. 남자는 머리의 언어를 사용해서 사실적인 말을 하지만 여자는 가슴의 언어를 사용해서 감정적인 말을 한다.

의사소통 양식 평가척도

부부 의사소통 검사

다음의 각 문항에 대해 신속하게 생각하는 바대로 ✓표시하십시오.

문항	남편	아내
1. 평상시 말을 별로 하지 않는다.		
2. 화가 나면 말을 하지 않는다.		
3. 자신의 감정이나 생각을 잘 표현하지 않는다.		
4. 상대방을 무시하는 말을 자주 한다.		
5. 바가지(또는 잔소리)를 자주 긁는다.		
6. 결론이 나올 때까지 논쟁을 한다.		
7. 화가 나도 혼자서 참아 버린다.		
8. 가정 바깥일에 지나치게 열중한다.		
9. 말을 할 때 핵심보다 서두가 길다.		
10. 과장된 표현을 사용한다.		
11. 지나치게 말이 많은 편이다.		
12. 큰 소리로 잘 웃는다.		
13. 얼굴에 표정이 거의 없다.		
14. TV 시청에 너무 열중한다.		
15. 곤란하면 화제를 바꾸어 다른 말을 한다.		
16. 상대의 말이나 태도에 대해 빈정거린다.		
17. 고함을 잘 지른다.		
18. 화가 난 것을 숨긴다(화가 나도 그렇지 않다고 말한다).		
19. 상대방이 이야기를 건성으로 듣는다.		
20. 대화를 할 때 주로 내가 많은 이야기를 한다.		

문항	남편	아내
21. 자신이 옳다고 인정을 받아야 직성이 풀린다.		
22. 주로 명령하거나 명령하는 투로 말한다.		
23. 가끔 폭력(언어적이든 신체적이든)을 행사하기도 한다.		
24. 감정이 상하면 욕설을 퍼붓기도 한다.		
25. '시끄러워', '그만둬', '됐어' 등의 말로 대화를 중단시킨다.		

실시 및 평가 방법

부부가 검사를 한 다음에 서로 다르게 평가한 문항에 밑줄을 긋는다. 여기서 서로 같게 평가했다는 것은 긍정적이든 부정적이든 부부가 일단 의사가 일치한다면 이해하고 있든지 아니면 인정하고 있다는 뜻이다. 그러나 서로 다르게 평가한 문항이 있다면 그 문항에 해당되는 내용에 대해서 서로 다르게 이해하고 있다는 뜻이다. 서로 다르게 평가한 문항이 많을수록 부부간의 의사소통에 어려움이 많다는 것을 의미한다.

서로 다르게 평가한 문항의 개수를 합하여 다음과 같이 최종 평가한다.

① 15개 이상 : 의사소통에 있어서 심각한 어려움이 있다.

② 10~14개 : 이대로 두면 심각한 의사소통 어려움에 직면하게 된다.

③ 5~9개 : 가끔 부부싸움을 하고 있다.

④ 4개 이하 : 매우 바람직한 의사소통을 하고 있다.

* 다르게 평가한 것에 대해 서로 그 이유를 이야기한다.

5회기 : 이 마음 어찌할까

목적

참가자 각자의 내부에 있는 갈등이나 스트레스를 행동으로 표출하여 정화하고 갈등이 발생했을 때 자신의 느낌, 생각, 행동 등을 자각하도록 한다.

준비물

조용한 음악, 미술매체

절차

① 편안하고 조용한 음악을 들으면서 자리에 누워 편안하게 자신의 몸을 느껴 본다. 몸의 각 부위를 움직이면서 그 느낌을 인식한다. 온몸을 수축시켰다가 잠시 멈추고(호흡도 같이 멈춘다) 숨을 천천히 내쉬면서 온몸의 근육의 힘도 천천히 뺀다.

② 다양한 빠르기의 음악을 들으면서 자유롭게 동작을 하거나 춤을 춘다.

③ 동작이나 춤을 멈춘 후 그때의 느낌이나 감정 등을 미술매체를 이용하여 표현한다.

④ 구성된 미술 작품을 참가자가 함께 돌아가면서 발표하고 논의한다.

⑤ 자신의 갈등 상태나 스트레스 상태를 떠올려 본다. 그때의 감정을 느껴 보고 자신이 어떻게 말하고 행동했는지 생각해 본다. 두 사람이 짝이 되어 한 사람은 그것을 그대로 표현하고 다른 한 사람은 관찰자가 된다. 관찰자는 상대방을 관찰하고 느낀 것을 동작으로 표현한다.

⑥ 관찰자의 동작을 보면서 상대방은 어떤 느낌을 받았는지 이야기한다.

⑦ 역할을 서로 바꾸어 수행한다.

⑧ 지금까지의 느낌이나 생각을 그림으로 표현하고, 서로 이야기를 나눈다.

⑨ 자신의 몸과 마음을 있는 그대로 느끼고 집단에서 그것을 발표한다.

⑩ 조용한 명상 음악을 들으면서 몸과 마음의 긴장을 이완하는 활동을 한다. 이때 자세는 참가자 각자가 선호하는 방법대로 한다.

6회기 : 나를 찾아 떠나는 여행

목적

이미지를 통해 발견한 자신의 모습을 그림으로 그리고 움직임을 표현함으로써 그림과 움직임에 반영된 자신의 정서상태와 현재의 욕구, 갈등 상태를 확인하도록 한다.

준비물

음악, 도화지(8절), 그리기 도구(크레파스, 색연필 등)

절차

① 모든 참가자들이 원으로 둘러앉아 지금까지의 활동에서 느낀 것에 대해 이야기를 나눈다.

② 이야기가 끝나면 앉은 자리에서 명상 음악을 들으면서 신체 이완을 위한 간단한 동작을 한다. 몸 전체를 조금씩 이완할 수 있도록 스트레칭을 한다. 근육이 이완될수록 잠이 오기도 하면서 근육의 긴장이 많이 해소되며, 동시에 심리적 긴장도 해소된다.

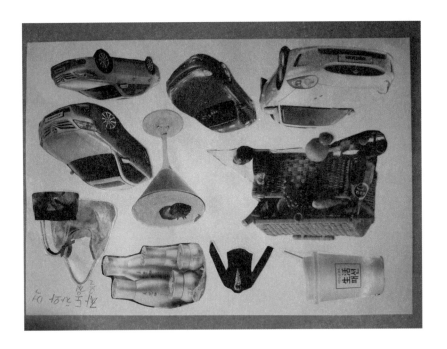

③ 참가자들이 충분히 이완을 하면 각자 가장 편안한 장소에 눕거나 또는 앉아서 눈을 감는다. 현재 자신이 가장 가고 싶은 곳을 상상한다.

④ 생생하게 상상을 할 수 있도록 시간을 준다. 이때 상상을 하면서 움직임이 일어나면 움직임을 그대로 따라가 보도록 한다.

⑤ 상상의 마지막에 자신이 어디에 있는지, 자신을 상상 속에 등장시키도록 한다.

⑥ 참가자들이 상상한 것을 정리할 수 있도록 시간을 준 뒤, 정리가 되면 상상 속에서 만났던 자신을 그림으로 표현하도록 한다.

⑦ 그림이 완성되면 자신을 대표하는 제목을 '나는 _____이다'라는 문장으로 만든다. 예를 들어 '나는 자유롭게 흘러가는 물고기다' 등의 문장으로 완성하게 한다.

⑧ 제목이 완성되면 두 사람이 짝이 되어 남편과 아내 역할을 정한 뒤, 남편은 아내의 그림을 들고 그 문장을 읽어 주면 아내는 자신의 그림을 동작으로 표현한다.

⑨ 서로 역할을 바꾸어 수행한다.

⑩ 모든 활동이 종결되면 원으로 둘러앉아 동작을 하면서 느꼈던 느낌, 자신이 만든 제목에 대한 설명 등을 한다.

7회기 : 다른 것이 좋은 것이여!

목표

부부간의 성격의 다른 점이 삶을 풍부하고 다채롭게 만들 수 있음을 지각한다. 자신의 특성에 자부심을 갖고 타인의 특성을 이해하며 자신의 관점을 확장한다. 집단 작업을 통해 각 성격의 고유한 삶의 방식을 이해하고 수용한다. 다른 관점의 사람들과 함께하기 위한 방법을 찾아 본다.

준비물

도화지(4절), 그리기 도구(크레파스, 색연필 등)

절차

① 협동작업을 하기 위한 한 가지 주제를 토의를 통해 결정한다.

② 의사소통 양식이 유사한 참가자들과 소집단을 구성한다.

③ 선택한 주제에 대해 소집단 참가자들이 협동하여 작품을 만들고, 그것에 대한 줄거리를 만든다.

④ 소집단 참가자 가운데 한 사람을 관찰자로 정하고, 활동을 하면서 구성원들이 어떻게 하는 지를 기록한다.

⑤ 집단 활동이 종결되면 전체 집단 참가자들이 모여 작품에 대해 이야기하고 각 소집단의 관찰자는 구성원들의 행동에 대해 발표한다.

⑥ 의사소통 양식이 완전히 다른 참가자들끼리 소집단을 구성한다.

⑦ 집단 구성원이 협동하여 작품을 완성하도록 한다. 작품이 완성되면 주제를 정하고 줄거리를 구성한다.

⑧ 집단 구성원 가운데 한 사람은 관찰자가 되어 구성원 각자의 행동을 기록한다. 그리고 합의를 도출하는 방식을 발표한다.

⑨ 모든 활동이 종결된 후 참가자들이 함께 각자의 느낌과 생각을 자유롭게 발표한다. 서로 다른 특성을 가진 사람들이 모여서 공동의 활동을 통해 의미 있는 결과 또는 아주 새로운 것을 창조할 수 있다는 것을 알게 한다.

8회기 : 우리 것이 좋은 것이여!

목표

서로의 문화적 특성을 이해하여 좋고 나쁨이 아니라 서로 다르다는 것을 이해하고 수용하게 한다. 그리고 그것은 서로 존중하고 지켜 주어야 하는 것임을 이해하여 서로의 행동과 생각에 대해 이해하고 수용하도록 하여 갈등을 줄이는 힘을 얻도록 한다.

준비물

각자의 문화를 대표할 수 있는 물건이나 사진, 도화지(8절), 그리기 도구

절차

① 참가자 각자에게 자기 나라를 대표할 수 있는 물건이나 사진 등을 전시하도록 한다. 만약 물건이나 사진이 없으면 잡지 등을 이용해 만들거나 그림을 그려서 전시한다.
② 참가자들이 전시된 것들을 관람한다.
③ 관람을 마친 후 원으로 둘러앉아서 각자 자기가 왜 그것을 전시했는지, 전시된 것이 갖는 의미를 이야기한다.
④ 행동이나 태도 등에서 자기 나라와 다른 뜻을 가진 것을 이야기한다. 이때 각자에게 가장 심각하게 갈등을 유발하는 것을 2~3개 정도 선택하도록 한다. 예를 들어 밥을 먹을 때 소리를 내는 것은 금지되어 있거나, 아무리 친해도 불쑥 방문하지 않는 것 등이다.
⑤ 활동을 마친 후 각자의 생각이나 느낌 등을 이야기한다.

9회기 : 다른 말 같은 뜻

목표

감정이나 생각을 전달하는 최소한의 말을 서로 이해하도록 하여 서로의 마음을 전달하고 갈등을 최소화할 수 있는 능력을 기른다.

준비물

감정이나 생각을 전달하는 자기 나라의 낱말카드, 도화지, 색연필

절차

① 각자 자기 나라 말로 감정이나 생각을 전달하는 낱말카드를 만든다. 미리 과제를 주어서 만들어 오도록 한다.

② 참가자들이 원으로 둘러앉아 다른 나라 말을 학습하고, 그 말을 사용하는 연습을 한다.

③ 참가자들 각각이 상대방과 말이 통하지 않아 가장 답답했던 상황을 떠올린다.

④ 상황을 생각한 후 아내는 자기 감정이나 느낌을 표정이나 동작을 하면서 자기 나라 말로 말한다.

⑤ 그것을 우리나라 말로 어떻게 표현하는지를 남편에게 물어서 학습하고 표현해 본다.

⑥ 아내는 자기가 가장 답답했던 상황에서 남편에게 듣고 싶은 말을 이야기한다. 그것을 각자 자기 나라(아내의 나라) 말로 표현하도록 한다.

⑦ 아내는 자기의 감정을 남편의 나라 말로 표현하도록 하고, 남편은 그것에 대한 응답을 아내의 나라 말로 표현한다.

⑧ 역할을 바꾸어 수행한다.

⑨ 활동이 끝난 후에 참여자들은 활동 중에 느낀 느낌이나 생각을 그림으로 표현하고, 그것을 모든 참가자에게 자유롭게 이야기하도록 한다.

10회기 : 우리 서로 알아 가기

목표

가족을 주제로 움직임을 통하여 자신의 갈등 요소들을 해소하도록 한다. 가족의 문제는 참가자들의 근원적인 상처를 드러내고 표출할 수 있는 계기가 된다.

준비물

음악

절차

① 현재 부부나 가족과의 문제를 직면하고 싶은 사람이 있는지 확인한다.
② 원하는 참가자는 집단 구성원 중에서 자신의 남편(또는 아내)이나 가족의 대역을 해 줄 사람을 선택한다.
③ 주인공은 대역들을 각자의 위치에 배치하고 난 뒤 자신의 가족 구조를 확인하도록 한다.
④ 자신의 가족을 한 사람씩 직면하게 한다. 직면하는 과정에서 주인공은 자신과 가족 간의 거리를 확인하고, 치료사가 주인공의 신체적 반응과 움직임에 반응해 줌으로써 자신의 신체적 반응을 알도록 한다. 남편(또는 다른 가족) 앞으로 다가갈 때 가슴이 떨리거나, 뒷걸음질하거나, 또는 눈을 마주치지 않게 뒤로 가서 서기도 한다. 그런 자신의 움직임을 확인하면서 자신이 남편 또는 가족 구성원에게 느끼고 있는 감정을 알도록 한다.
⑤ 남편, 시어머니, 시동생 등 옆에 위치하고 있는 싶은 자리에 가서 주인공이 현재 남편 또는 가족에게 바라는 것을 이야기한다.
⑥ 그리고 대역을 맡은 사람들은 한 사람씩 찾아가 그 상대에게 자신이 가장 원하는 움직임을 한다.
⑦ 모든 활동이 종결되면 대역들은 자신의 자리로 다시 돌아가고 참가자들이 모두 원으로 모여 관찰하면서 자신의 감정과 생각을 서로 나눈다.

11회기 : 내 모습은 이래요!

목표

자신의 모습을 그림으로 그려 어떤 다양한 모습이 있는지 알게 하고 움직임으로 표현하면서 변화를 느끼도록 한다.

준비물

음악, 전지, 그리기 도구(크레파스, 색연필 등)

절차

① 참가자 각자가 지금 자신의 기분을 말과 행동으로 표현한 뒤에 두 사람씩 짝을 지어 한 사람이 '사랑해' 감정을 말과 움직임으로 표현한다.

② 위에서 표현된 것을 상대방은 과장되게 표현한다.

③ 위의 두 가지 활동을 분노의 감정에 대해서도 똑같이 수행한다.

④ 전지에 참가자 각자가 자신의 모습을 그린다.

⑤ 각자 자신의 그림을 보고 감정을 동작과 감정 언어로 표현한다.

⑥ 세 사람씩 짝이 되어 지금-여기 감정의 변화를 동작과 말로 표현한다.

⑦ 그림을 보고 다른 참가자들의 움직임과 말로 표현한다. 한 사람씩 나가서 표현한 뒤에 참가자 모두가 함께 표현한다.

⑧ 이러한 활동을 통해 참가자 각자의 내면에 있는 어떤 감정 변화 상태를 집단 전체에서 이야기한다.

12회기 : 쓰레기 치우기

목표

참가자 각자의 내면에 있는 부정적인 감정, 고통스러운 감정을 그림, 행동, 춤을 통해 표현하여 그것으로부터 벗어날 수 있도록 한다.

준비물

음악, 검은색 종이, 색종이, 신문지, 잡지, 도화지(2절), 풀

절차

① 명상 음악을 들으면서 신체적, 심리적 긴장의 이완을 한다.

② 검은색 종이, 색종이, 잡지, 신문지 등을 이용하여 도화지에 자신의 어두운 마음을 표현한다.

③ 분노, 슬픔, 고통, 절망, 실패감 등 부정적인 감정을 움직임과 행동으로 표현한다.

④ 명상 음악을 들으면서 이러한 감정들 가운데 신속하게 벗어나고 싶은 것이 있는지 확인한다.

⑤ 역할극을 통하여 고백하고 응어리를 풀어낸다.

⑥ 부정적인 감정이 사라진다고 상상하면서 도화지 위에 붙인 것들을 떼어 낸다.

⑦ 떼어 내면서 느낀 감정들을 노래와 춤, 동작으로 표현한다.

⑧ 활동이 끝난 후에 참가자들이 원으로 둘러앉아 서로의 감정이나 느낌, 생각을 이야기한다.

13회기 : 우리가 꿈꾸는 세상

목표

부부가 꿈꾸는 행복한 세상의 모습과 자신의 모습을 표현하여 미래의 삶에 대한 꿈과 희망을 갖도록 한다.

준비물

전지, 그리기 도구(크레파스, 색연필 등)

절차

① 부부가 전지에 자신들이 꿈꾸는 세상과 각각 자신이 그 안에서 하고 싶은 것을 그림으로 그린다.

② 작업이 끝나면 모든 참가자들이 원으로 둘러앉아 원하는 사람부터 자신의 작품에 대해 이야기한다.

③ 다른 사람들의 그림과 말하는 내용을 보고 느낀 소감을 나눈다.

14회기 : 전체 소감 나누기와 사후검사

목표

각 참가자들이 느낀 점, 경험한 것을 언어화해서 프로그램 활동을 통해 경험한 것을 자신의 삶이 되도록 한다.

준비물

도화지(8절), A4용지, 그리기 도구(크레파스, 색연필 등), 사후검사지, 필기도구

절차

① 모든 프로그램에 참여하는 과정에서 느낀 것과 현재 각자의 마음 상태를 읽고 그것을 그림으로 그린다.

② 그림을 그린 후에 자신에 대한 것과 상대방(아내 또는 남편)에 대해 생각한 것을 짧은 소감문으로 작성한다.

③ 아내 또는 남편에게 하고 싶은 말 또는 다짐의 말을 전달할 수 있는 작품을 한 가지 만든다.

④ 준비한 소감문과 작품에 대한 것뿐만 아니라 각자의 현재 마음을 발표한다.

⑤ 사후검사를 실시한다.

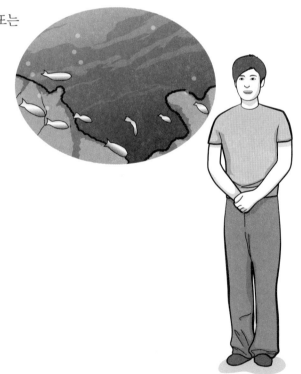

갈등유발 상황 활동지

부부갈등 요소 찾기 활동지

대다수 부분들이 불화와 갈등의 요소를 갖고 있습니다. 아래의 표에 잠재적인 갈등 가능성이 있는 요소가 무엇인지 표시해 보십시오.

요소	갈등이 많다	약간 있다	전혀 없다
가계 재정			
여가 시간 문제			
신앙 문제			
애정 문제			
친구 문제			
성관계 문제			
인생 철학 또는 가치관			
인생의 목표			
가족 구성원 문제			
둘이 함께 보내는 시간			
중대한 결정			
집안일			
회사 일/교회 일 등			
자녀 양육			
주거지 문제			
※ 갈등이 있다고 표시한 항목의 수 :			
※ 특별히 심각하게 느끼는 갈등			
항목 : 이유 :			
항목 : 이유 :			
항목 : 이유 :			
특별히 서로 의견을 달리하는 항목에 대해 밑줄을 그은 다음 부부가 해결해야 할 과제로 알고 서로 대화를 한다.			

협동작업 중심 가족미술치료 프로그램

협동은 집단이나 개인이 공통되는 목적을 실현하기 위해 맺는 사회적 행동의 하나라고 할 수 있다. 협동작업은 가족이 동시에 참여하여 동일한 주제에 맞추어 공통된 목적을 실현하기 위하여 상호 협력하는 하나의 과정이다. 협동작업을 하면 가족이 더 가까워지고 서로의 활동을 조정하여 공동의 효과를 거둘 수 있게 하며 나아가 갈등해결에 도움을 준다.

협동작업 중심 가족미술치료는 다문화가족 각자의 내재된 감정표출을 자유롭게 해 준다. 동시에 또 다른 갈등을 경험하게 하여 자기인식과 수용 과정에서 자기통찰 및 자발성을 향상시켜 가족관계를 회복시킨다. 특히 미술매체를 통한 협동화 작업은 단절된 자아에서 부드럽고 융통성 있는 자아로 변화하게 하여 가족 간의 응집력을 빠르게 형성시킨다.

나아가서 협동작업 중심 가족미술치료를 통하여 가족 구성원끼리 경험과 의견을 교환함으로써 정보 교환의 기회를 갖고, 서로 다른 사고와 행동양식, 감정을 모방하는 기회를 제공한다. 또한 작품을 만드는 과정과 완성된 작품을 통하여 가족 간의 감정을 공유함으로써 잠재적 치료 효과를 거둘 수 있다.

협동작업 중심 가족미술치료 프로그램은 도입(1~4회기), 실행(5~11회기), 종결(12~16회기) 단계로 구성하였다. 협동작업 중심 가족미술치료의 단계적 목표와 각 회기별 내용을 구체적으로 살펴보면 〈표 8.4〉와 같다.

표 8.4 협동작업 중심 가족미술치료 프로그램

단계	회기	프로그램
도입	1	오리엔테이션 및 나를 표현하기
	2	나의 감정사전
	3	현재의 나
	4	부정적인 감정이나 생각
실행	5	가족관계 지도 그리기
	6	집에서의 나
	7	그림 돌려 그리기
	8	나에게 영향을 준 사람이나 사건
	9	다 함께 여행
	10	나의 장점, 가족의 장점 알기
	11	게임과 게임판 만들기
종결	12	나는 새싹이에요
	13	나에게 가장 소중한 것
	14	협동게임하기
	15	주고 싶은 선물, 받고 싶은 선물
	16	상장 만들기

도입 : 1~4회기

도입 단계에는 가족 구성원과 치료사 간에 신뢰감 있는 관계를 형성하도록 한다. 또한 자신의 감정을 발견하고 표출하는 과정을 통해 자기탐색 및 인식이 가능하도록 한다.

1회기 : 오리엔테이션 및 나를 표현하기

목적

글 또는 그림으로 자신을 자유롭게 표현한 것을 가족 구성원 앞에서 소개하도록 한다.

준비물

풍선이 그려진 도화지(4절, 8절), 연필, 지우개, 크레파스, 사인펜

절차

① 치료사는 가족 구성원에게 프로그램의 목적과 프로그램을 실시하면서 지켜야 할 규칙에 대해 알려 주고 최대한 지킬 수 있도록 한다.

② 나를 자유롭게 표현해 보자고 제시한 후 필요한 재료를 나누어 준다.

③ 치료사는 가족 구성원에게 자신의 모습에 대해 풍선이 그려진 도화지에 글로 적거나 그림으로 표현하도록 촉구한다.

④ 작품을 다 완성하면 작품에 대해 제목을 붙이도록 한다. 가족 구성원들은 서로 번갈아 가며 자신의 작품을 설명하고 위의 활동을 실시하는 과정에서 느낀 감정과 실시 후의 느낌, 통찰한 부분 등을 함께 나누도록 한다.

나를 표현하기 - '사랑스러운 나'

2회기 : 나의 감정사전

자신의 내재된 감정을 색으로 표현하도록 한다.

준비물

도화지(4절, 8절), 크레파스, 연필, 지우개

절차

① 치료사는 가족 구성원에게 지난 한 주간 어떻게 지냈는지와 지금의 기분은 어떤지에 대해
   함께 나누도록 한다.

② 가족 구성원에게 최근 자신이 느낀 감정을 색으로 표현해 보자고 제시한 후 필요한 재료를
   나누어 준다.

③ 각자 앞에 놓인 도화지에 연필 또는 크레파스로 동그라미를 6개 정도 그리도록 한 후 서로
   교환하여 갖도록 한다.

④ 가족 구성원에게 평소 어떤 감정들을 주로 느끼는지 함께 이야기를 나눈 후 동그라미 안에
   여러 감정(기쁨, 슬픔, 화남, 우울, 짜증, 행복 등)에 대한 색을 선택하여 크레파스로 칠하도
   록 한다.

⑤ 각각의 감정들에 대해 어떠
   한 상황에서 주로 그러한 감
   정을 느끼는지를 함께 이야
   기 나누고 동그라미 밑에 적
   도록 한다.

⑥ 감정사전을 다 완성하면 실시
   하는 과정에서 느낀 감정과 실
   시 후의 느낌, 통찰한 부분 등
   을 함께 나누도록 한다.

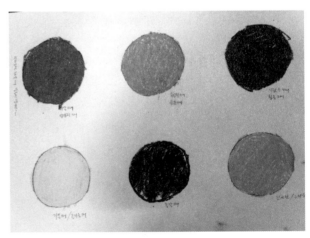

감정사전

3회기 : 현재의 나

목적

현재 자신의 모습을 인식하고 가족 구성원의 생각을 공유할 수 있는 기회를 제공한다.

준비물

다양한 잡지, 도화지(4절, 8절), 풀, 가위, 크레파스, 연필, 지우개

절차

① 치료사는 가족 구성원에게 지난 한 주간 어떻게 지냈는지와 지금의 기분은 어떤지에 대해 함께 나누도록 한다.

② 가족 구성원에게 콜라주 기법으로 현재 자신의 모습을 표현해 보자고 제시한 후 필요한 재료를 나누어 준다.

③ 현재 자신이 생각하는 자기 모습에 대한 사진이나 그림을 잡지에서 찾은 후 자유롭게 잘라 종이 위에 붙이도록 한다. 이때 사진이나 그림은 원하는 위치에 풀을 이용하여 붙이도록 하고 제한 없이 자유롭게 활동할 수 있도록 한다(자르는 방법은 집단 구성원에 따라 가위를 이용할 수도 있고 손으로 찢을 수도 있으며, 연령이나 증상을 고려하여 실시하도록 한다).

④ 작품을 다 완성하면 작품에 대해 제목을 붙이도록 한다. 콜라주를 실시하는 과정에서 느낀 감정과 실시 후의 느낌, 통찰한 부분 등을 가족 구성원과 함께 나누도록 한다.

현재의 나-'나'

4회기 : 부정적인 감정이나 생각

목적

심리적 갈등을 정화하도록 한다.

준비물

다양한 잡지, 도화지(4절, 8절), 풀, 가위, 크레파스, 연필, 지우개

절차

① 치료사는 가족 구성원에게 지난 한 주간 어떻게 지냈는지와 지금의 기분은 어떤지에 대해
   함께 나누도록 한다.
② 가족 구성원에게 각자 버리고 싶은 나의 모습, 사건(자신이 저지른 잘못, 상처받은 일) 등을
   콜라주 기법으로 표현해 보자고 제시한 후 필요한 재료를 나누어 준다.
③ 버리고 싶은 자신의 모습이나 사건 등에 대한 사진이나 그림을 잡지에서 찾은 후 자유롭게
   잘라 종이 위에 붙이도록 한다. 이때 사진이나 그림은 원하는 위치에 풀을 이용하여 붙이도
   록 하고 제한 없이 자유롭게 활동할 수 있도록 한다(자르는 방법은 집단 구성원에 따라 가위
   를 이용할 수도 있고 손으로 찢을 수도 있으며, 연령이나 증상을 고려하여 실시하도록 한다).
④ 작품을 완성한 후의 활동은 이전 회기와 동일하다.

버리고 싶은 나의 모습이나 사건-'안 보고 싶은 나'

실행 : 5~11회기

실행 단계는 현재 가정생활에서의 자신의 위치와 가족과의 관계에 대해 인식하도록 하고, 다양한 미술활동을 통해 자신과 가족 구성원의 생각 및 감정을 이해하도록 한다. 또한 가족 구성원 간의 신뢰와 수용, 지지, 공감 등의 상호작용을 통해서 서로에 대한 존중감이 향상되도록 한다.

5회기 : 가족관계 지도 그리기

목적
자신과 가족 구성원과의 관계 방식을 이해하고 장단점을 파악하도록 한다.

준비물
도화지(4절, 8절), 크레파스, 연필, 지우개

절차
① 치료사는 가족 구성원에게 지난 한 주간 어떻게 지냈는지와 지금의 기분은 어떤지에 대해 함께 나누도록 한다.

② 가족 구성원에게 각자 자신과 가족 구성원과의 관계를 그림으로 표현해 보자고 제시한 후 필요한 재료를 나누어 준다.

③ 도화지 중앙에 먼저 '나'를 적은 후 그 주위에 가족 구성원의 이름을 적고 자신과의 관계가 긍정적인지 아니면 부정적인지를 글로 쓰거나 그림으로 표현하도록 촉구한다.

④ 작품을 완성하면 작품에 대해 제목을 붙이도록 한다. 가족 구성원은 서로 번갈아 가며 자신의 작품을 설명하고 위의 활동을 실시하는 과정에서 느낀 감정과 실시 후의 느낌, 통찰한 부분 등을 함께 나누도록 한다.

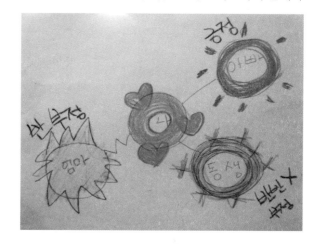

가족관계 지도 ─ '우리 가족'

6회기 : 집에서의 나

목적

집에서 생활하는 모습을 통해 자신과 가족과의 관계를 인식하도록 한다.

준비물

도화지(4절, 8절), 크레파스, 색연필, 연필, 지우개

절차

① 치료사는 가족 구성원에게 지난 한 주간 어떻게 지냈는지와 지금의 기분은 어떤지에 대해 함께 나누도록 한다.

② 가족 구성원 각자가 느끼는 가정생활을 그림으로 표현해 보자고 제시한 후 필요한 재료를 나누어 준다.

③ 각자 도화지를 9분할하여 9개의 칸을 만들고 서로 교환하여 갖도록 한다.

④ 치료사는 가족 구성원에게 가정생활에 관하여 느낀 대로, 생각나는 대로, 머리에 떠오르는 대로 자유롭게 그림으로 표현하도록 한다. 그림은 도화지의 오른쪽 밑 칸부터 중앙까지 반시계방향으로 순서대로 그리거나 또는 그 반대로 중앙에서부터 오른쪽 밑 칸까지 시계방향으로 순서대로 그리도록 한다. 만약 가족 구성원이 그림을 그리지 못할 경우 문자, 도형, 기호 등으로 표현하도록 촉구한다.

⑤ 각각의 그림에 대한 간단한 설명을 글로 표현

집에서의 나(9분할)

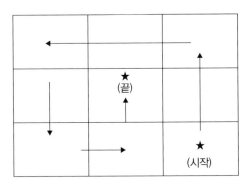

실시 방법 1

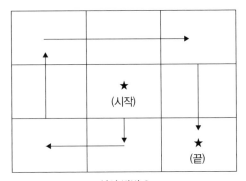

실시 방법 2

하고 색연필이나 크레파스로 색칠하도록 한다.

⑥ 작품을 완성한 후의 활동은 이전 회기와 동일하다.

7회기 : 그림 돌려 그리기

목적

모든 가족 구성원이 함께 표현함으로써 가족의 생각, 감정을 이해하도록 한다. 또한 각자의 의도를 인식하고 서로 존중할 수 있도록 한다.

준비물

도화지(4절, 8절), 크레파스, 색연필, 연필, 지우개

절차

① 치료사는 가족 구성원에게 지난 한 주간 어떻게 지냈는지와 지금의 기분은 어떤지에 대해 함께 나누도록 한다.

② 가족 구성원에게 필요한 재료를 나누어 주고 각자 현재 떠오르는 생각이나 느낌을 그림으로 표현해 보도록 한다.

③ 5분 정도 후에 각자 그리던 것을 멈추고 옆 사람에게 전달한 뒤 각자 전달받은 그림을 이어서 그리도록 한다. 이와 같은 방법을 처음 자신이 그렸던 그림이 돌아올 때까지 반복하여 실시하도록 한다.

④ 자신의 작품을 마무리하고, 완성한 후 활동은 이전 회기와 동일하다.

그림 돌려 그리기 –'바다'

8회기 : 나에게 영향을 준 사람이나 사건

목적

각자 영향을 준 사람이나 사건을 재인식하고, 자신과 가족의 감정을 이해하고 격려하도록 한다.

준비물

다양한 잡지, 도화지(4절, 8절), 풀, 가위, 크레파스, 연필, 지우개, 사인펜

절차

① 치료사는 가족 구성원에게 지난 한 주간 어떻게 지냈는지와 지금의 기분은 어떤지에 대해 함께 나누도록 한다.

② 가족 구성원에게 필요한 재료를 나누어 주고 각자 자신에게 긍정적이든 부정적이든 가장 큰 영향을 준 사람이나 사건을 표현해 보도록 한다.

③ 자신에게 영향을 준 사람이나 사건에 대한 사진이나 그림을 잡지에서 찾은 후 자유롭게 잘라 종이 위에 붙이도록 한다. 사람을 붙였을 경우 주변에 말 주머니를 만들어 그 안에 대화 내용을 적도록 한다. 사건에 대한 사진이나 그림을 붙였을 경우 주변에 사건에 대한 내용을 간단히 적도록 한다.

④ 작품을 완성한 후 활동은 이전 회기와 동일하다.

나에게 영향을 준 사람이나 사건 － '우리 가족'

9회기 : 다 함께 여행

목적

가족과 서로 협력하여 끝까지 진행하도록 한다.

준비물

도화지(4절, 8절), 크레파스, 연필, 지우개

절차

① 치료사는 가족 구성원에게 지난 한 주간 어떻게 지냈는지와 지금의 기분은 어떤지에 대해
   함께 나누도록 한다.
② 가족 구성원에게 다 함께 여행하던 중 배가 난파되어 무인도에 도착한다면 무엇이 필요한
   지, 어떻게 살아가야 하는지에 대해서 함께 토론하도록 한다.
③ 토론한 내용을 토대로 각자 역할을 분담하고 자신의 영역을 그림으로 표현하도록 한다.
④ 작품을 완성하면 서로 의견을 수렴하여 작품에 대해 제목을 붙이도록 한다. 실시하는 과정
   에서 느낀 감정과 실시 후의 느낌, 통찰한 부분 등을 함께 나누도록 한다.

다 함께 여행 - '잘 사는 우리 가족'

10회기 : 나의 장점, 가족의 장점 알기

목적

나와 가족의 장점을 통해 자신감을 향상하고자 한다.

준비물

도화지(4절, 8절), 크레파스, 사인펜, 연필, 지우개, 다양한 꾸미기 매체

절차

① 치료사는 가족 구성원에게 지난 한 주간 어떻게 지냈는지와 지금의 기분은 어떤지에 대해 함께 나누도록 한다.

② 나의 장점, 가족의 장점을 표현해 보자고 제시한 후 필요한 재료를 나누어 준다.

③ 두 명씩 짝을 지어 도화지 위에 손을 올려놓고 연필이나 크레파스로 서로의 손을 본뜨도록 한다(사인펜이나 매직은 손에 묻고 잘 안 지워질 수 있으므로 사용하지 않는 것이 좋다).

④ 각자 원하는 색의 사인펜을 하나씩 선택하고 손을 본뜬 도화지에 장점을 적은 후 옆 사람에게 전달한다.

⑤ 돌아가면서 가족 구성원에 대한 장점을 적고 자신의 장점이 적힌 도화지를 받을 때까지 반복하여 실시한다.

⑥ 다양한 꾸미기 매체를 사용하여 작품을 완성하고 제목을 붙이도록 한다. 가족 구성원은 서로 번갈아 가며 자신의 장점을 낭독하고 위의 활동을 실시하는 과정에서 느낀 감정과 실시 후의 느낌, 통찰한 부분 등을 함께 나누도록 한다.

나의 장점, 가족의 장점―'나의 장점'

11회기 : 게임과 게임판 만들기

목적

게임을 통해 흥미를 유발하고, 가족과 함께 의논함으로써 결속력과 소속감을 갖도록 한다.

준비물

도화지(2절, 4절, 8절), 크레파스, 사인펜, 연필, 지우개

절차

① 치료사는 가족 구성원에게 지난 한 주간 어떻게 지냈는지와 지금의 기분은 어떤지에 대해 함께 나누도록 한다.

② 캐릭터를 만들어서 게임을 해 보자고 제시한 후 필요한 재료를 나누어 준다.

③ 자신이 원하는 캐릭터에 대해 이야기를 나누고 서로 의견을 수렴하여 게임을 정하도록 한다.

④ 캐릭터와 게임이 정해지면 각자 역할을 분담하여 캐릭터 및 필요한 게임도구를 제작하도록 한다.

⑤ 게임에 대한 규칙을 서로 의논하여 정한 후 게임을 실시하도록 한다.

⑥ 위의 활동을 실시하는 과정에서 느낀 감정과 실시 후의 느낌, 통찰한 부분 등을 함께 나누도록 한다.

게임 만들기－'왕관 찾기'

종결 : 12~16회기

종결 단계는 자신의 감정 조절 및 통제가 가능하도록 하고 자신의 존재가치를 경험해 보도록 한다. 또한 가족 구성원으로부터 관심과 지지, 인정, 사랑 등을 체험함으로써 자존감을 향상하도록 한다.

12회기 : 나는 새싹이에요

──────────────────────

목적

자신이 건강하게 성장하기 위해 필요한 것을 구체적으로 적거나 표현하도록 한다. 또한 가족 구성원들이 서로를 이해하고 지지해 주는 기회를 제공한다.

준비물

도화지(4절, 8절), 크레파스, 색연필, 연필, 지우개

절차

① 치료사는 가족 구성원에게 지난 한 주간 어떻게 지냈는지와 지금의 기분은 어떤지에 대해 함께 나누도록 한다.
② 자신을 새싹으로 생각하고 새싹이 잘 성장하기 위해서는 어떤 것들이 필요한지 글로 적거나 그림으로 표현해 보자고 제시한 후 필요한 재료를 나누어 준다.

③ 치료사는 가족 구성원이 구체적인 표현을 할 수 있도록 촉진시키고 작품을 완성하면 작품에 대해 제목을 붙이도록 한다.
④ 작품에 대한 설명 및 실시하는 과정에서 느낀 감정과 실시 후의 느낌, 통찰한 부분 등을 나누고, 구성원끼리 서로 격려한다.

나는 새싹이에요 ─ '자라기 위해 필요한 것'

13회기 : 나에게 가장 소중한 것

목적

자신이 평소 어떤 가치를 갖고 살고 있는지에 대해 탐색하도록 한다.

준비물

도화지(4절, 8절), 크레파스, 색연필, 연필, 지우개

절차

① 치료사는 가족 구성원에게 지난 한 주간 어떻게 지냈는지와 지금의 기분은 어떤지에 대해 함께 나누도록 한다.

② 가족 구성원에게 다양한 가치 양식을 제시하고 평소 자신이 가장 소중하다고 생각하는 가치는 무엇인지 탐색하도록 한다. A4용지와 연필을 나누어 주고 자신이 가장 소중하다고 생각하는 가치 양식 다섯 가지를 순서대로 기록하도록 한다.

③ 다섯 가지 가치 양식에 대해 그림으로 표현해 보자고 제시한 후 필요한 재료를 나누어 준다. 치료사는 가족 구성원이 구체적인 표현을 할 수 있도록 촉진시키고 다섯 가지의 가치 양식을 선택한 이유를 적도록 한다.

④ 작품을 완성하면 작품에 대해 제목을 붙이도록 한다. 작품에 대한 설명 및 다섯 가지 가치양식을 선택한 이유와 실시하는 과정에서 느낀 감정, 실시 후의 느낌, 통찰한 부분 등을 함께 나누도록 한다.

나에게 가장 소중한 것 – '소중한 것들'

* 가치 양식의 예 : 친구, 가족, 돈, 일, 사람, 꿈, 집, 인형, 자녀, 학교 등

14회기 : 협동게임하기

목적

협동을 통하여 서로의 가치를 경험하고 완성을 통해서 성취감을 경험하도록 한다.

준비물

도화지(2절, 4절, 8절), 크레파스, 사인펜, 연필, 지우개, 만들기 매체

절차

① 치료사는 가족 구성원에게 지난 한 주간 어떻게 지냈는지와 지금의 기분은 어떤지에 대해 함께 나누도록 한다.

② 가족 구성원에게 게임을 하자고 제시한 후 서로 의견을 수렴하여 실시할 게임을 정하도록 한다.

④ 게임이 정해지면 각자의 역할을 분담하여 필요한 게임도구를 제작하도록 한다.

⑤ 게임에 대한 규칙을 서로 의논하여 정한 후 게임을 실시하도록 한다.

⑥ 위의 활동을 실시하는 과정에서 느낀 감정과 실시 후의 느낌, 통찰한 부분 등을 함께 나누도록 한다.

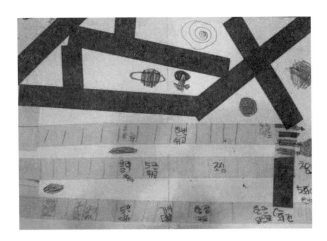

협동게임 — '쥬만지'

15회기 : 주고 싶은 선물, 받고 싶은 선물

목적

가족에게 사랑의 말이나 선물을 전함으로써 보다 깊이 있는 가족관계를 경험하도록 한다.

준비물

다양한 잡지, 도화지(4절, 8절), 풀, 가위, 크레파스, 연필, 지우개

절차

① 치료사는 가족 구성원에게 지난 한 주간 어떻게 지냈는지와 지금의 기분은 어떤지에 대해 함께 나누도록 한다.

② 가족에게 주고 싶은 선물, 받고 싶은 선물을 콜라주 또는 다양한 재료를 사용하여 자유롭게 표현해 보자고 제시한 후 필요한 재료를 나누어 준다.

③ 자신이 가족에게 주고 싶은 선물과 받고 싶은 선물에 대한 사진이나 그림을 잡지에서 찾은 후 자유롭게 잘라 종이 위에 붙이도록 한다. 또는 다양한 재료를 사용하여 가족에게 주고 싶은 선물과 받고 싶은 선물을 자유롭게 표현하도록 한다.

④ 작품을 완성하면 가족 구성원은 자신의 작품을 제외한 다른 구성원의 작품을 선택하도록 한다. 그 작품 위에 구성원에게 주고 싶은 선물을 콜라주 또는 다양한 재료를 사용하여 자유롭게 표현하도록 한다.

⑤ 작품을 완성하면 각 구성원에게 선물하고 작품에 대해 제목을 붙이도록 한다. 실시하는 과정에서 느낀 감정과 실시 후의 느낌, 통찰한 부분 등을 함께 나누도록 한다.

주고 싶은 선물, 받고 싶은 선물 － '자동차와 먹을 것'

16회기 : 상장 만들기

목적

상장 수여를 통해 서로 성취감을 느끼도록 하고, 구성원 간의 긍정적인 표현을 통해 인정과 사랑을 체험하게 한다.

준비물

도화지(4절, 8절), 풀, 가위, 크레파스, 사인펜, 다양한 꾸미기 매체

절차

① 치료사는 가족 구성원에게 지난 한 주간 어떻게 지냈는지와 지금의 기분은 어떤지에 대해 함께 나누도록 한다.

② 서로에게 주고 싶거나 자신이 받고 싶은 상장을 만들자고 제시한 후 필요한 재료를 나누어 준다.

③ 가족 구성원이 서로에게 주고 싶은 상장과 자신이 받고 싶은 상장 중 어떠한 상장을 만들지에 대하여 함께 의논한 후 정하도록 한다. 각자 필요한 재료를 사용하여 자유롭게 상장을 만들도록 한다.

④ 상장을 다 완성하면 상장 수여식을 거행하고 실시하는 과정에서 느낀 감정과 실시 후의 느낌, 통찰한 부분 등을 함께 나누도록 한다.

⑤ 프로그램을 종결하면서 가족 구성원들에게 각자 프로그램을 통해 어떤 것들을 발견하고 무엇을 얻게 되었는지를 통찰하도록 한다. 또한 앞으로의 다짐에 대해 함께 이야기를 나누고 서로에게 지지와 격려를 한 후 종결하도록 한다.

참고문헌

교육인적자원부(2006). 다문화가정자녀 교육지원 대책. 교육인적자원부.

김갑성(2006). 한국 내 다문화가정의 자녀교육 실태조사 연구. 석사학위청구논문. 서울교육대학교 교육대학원.

김근임(2007). 부부갈등 조절을 위한 프로그램 개발. 석사학위청구논문. 한남대학교 국제신학대학원.

김문수(2001). 중년기 크리스천 부부의 갈등관리를 돕는 프로그램 개발. 석사학위청구논문. 한남대학교 학제신학대학원.

김오남(2006). 이주여성의 부부갈등 결정요인 연구. 박사학위청구논문. 가톨릭대학교 대학원.

김종숙(1997). 가족갈등의 이론적 고찰. 사회복지연구, 10, 307-323.

김종주(1990). 갈등의 개념규정과 관리방안. 한국관광대학 논문집, 2, 29-42.

김홍운·김두정(2007). 한국 사회의 다문화 현상과 교육적 과제. 충남대학교 인문학연구, 34(3), 153-176.

문형구(1985). 갈등분석의 통합적 구성을 위하여: 조직갈등의 분석을 중심으로. 전주대학교 논문집, 13, 375-394.

박경동(2007). 다문화가족 형성과 갈등에 대한 연구: 한국의 광주·전남지역 사례를 중심으로. 석사학위청구논문.

박정숙·박옥임·김진희(2007). 국제결혼 이주여성의 가족갈등과 생활만족도에 관한 연구. 한국가정관리학회지, 25(6), 59-70.

송말희(1990). 기혼 남녀의 부부간 갈등정도와 대응행동에 관한 연구, 한국가정관리학회지, 8(2),

31-47.

오트버그(Oetberg, J.)(2004). 화해의 공동체를 만들어 가는 갈등관리 7단계. 목회와 신학, 178, 122-128, 145-146.

윤용희(1995). 부부의 갈등과 갈등관리방법: 홍성지역을 중심으로. 혜전전문대학논문집, 13, 291-321.

윤재풍(1997). 조직학 원론. 박영사.

이소희·유가효·도미향 외 11인(2007). 가족문제해결 핸드북. 시그마프레스.

이수미(1999). 미술을 통한 유아의 다문화교육 프로그램 모형 연구. 석사학위청구논문. 덕성여자대학교 대학원.

이정원(2007). 갈등의 심리학과 목회상담. 한영논총, 11, 283-304.

이창숙(1998). 부부갈등해결 교육프로그램 개발연구: Baucom과 Epstein의 인지-행동적 치료모델에 기초하여. 박사학위청구논문. 경희대학교 대학원.

임영제·김항곤·소재진·임진택·양기근(2003). 21세기 디지털시대 인간관계의 이해. 법문사.

장영희(1997). 유아를 위한 다문화 교육의 개념 및 교수방법에 대한 이론적 고찰. 성신연구논문집, 35, 295-314.

장은정(2007). 국제 결혼한 한국 남성의 결혼적응에 관한 연구. 박사학위청구논문. 중앙대학교 대학원.

장하경·서병숙(1992). 중년기 여성의 우울증에 관한 연구. 한국가정관리학회지, 10(2), 263-276.

조기제(2004). 다문화사회에서의 민주시민교육: 심의민주주의 교육의 필요성. 진주교육대학교 논문집, 3, 35-54.

평택대학교다문화가족센터(2007). 다문화가족백서. 평택대학교.

Berry, J. W., Poortinga, Y. H., Segall, M. H., & Dasen, P. R. (1992). *Cross-cultural psychology: Research and applications*. New York: Cambridge University Press.

Coleman, J. (1984). *Intimate relationships, marriage, and family*. NY: The Bobbs-Merrill.

Coser, L. A. (1964). *The function of social conflict*. NY: Free Press.

Kestner, P. B. & Ray, L. (2002). *The conflict resolution training program: Participant's workbook*. CA: Jossey-Bass, A Wiley Company.

Kroeber, A. L. & Kluckholn, C. (1952). *Culture: A critical review of concepts and definitions*(Vol. 47, No. 1). Cambridge, MA: Peabody Museum.

Matsumoto, D. & Juang, L. (2004). *Culture and psychology*. CA, Belmont: Wadsworth, Thomson.

Sprey, J. (1971). On the management of conflict in families. *Journal of Marriage and the Family, 33*(1), 41−51.

| 저자 소개

이근매

평택대학교 재활복지학과/상담대학원 미술치료학과 교수
평택대학교 미술치료상담원장, 한국학습상담학회장

조용태

대진대학교 아동학과 교수
중원대학교 교수, 한국발달장애학회장

김용수

평택대학교 상담대학원 교수
(사)한국상담학회 · 군상담학회장